中外文稀有版本文献

《家庭、私有制和国家的起源》

⑤

家族私有财产及国家之起源

【德】弗里德里希·恩格斯◎著
张仲实◎译

CCTP 中央编译出版社
Central Compilation & Translation Press

《家庭、私有制和国家的起源》的出版与传播

（代序）

一　国外主要版本和传播情况

恩格斯的《家庭、私有制和国家的起源》（简称《起源》）先后出了六版，其中第二版和第三版是第一版的翻印，第五版和第六版是第四版的翻印。因此，在这里将着重介绍第一版和第四版的出版与传播情况。

（一）《起源》第一版的出版与传播

1.《起源》第一版的出版

1884 年 10 月初，《起源》在瑞士苏黎世问世，署名弗里德里希·恩格斯，著者为第一版写了序言。《起源》之所以在瑞士苏黎世出版，而不是在德国出版，是因为当时德国正值反社会党人法时期，而《起源》又并非是一部单纯的学术著作，而是指导无产阶级革命的理论武器，因此在这样的背景下，如在德国出版《起源》，则很难不被查禁。关于这一点，恩格斯早在 1884 年 4 月 26 日给考茨基的信中写道："关于**专偶制**那一章，以及关于私有制是阶级矛盾的根源和破坏古代公社的杠杆的那最后一章，我根本**不可能**写得适合反社会党人法的要求。"因此，"写得好，就一定被查禁；写得坏，就会得到许可。可是按后一种

做法，我办不到”[①]。正是在这种背景下，《起源》第一版在瑞士出版。

2.《起源》第一版的传播

在《起源》写作过程中以及第一版出版后，纷纷有译者与恩格斯联系希望能够翻译《起源》，其中涉及意大利文译本、波兰文译本、罗马尼亚文译本、丹麦文译本、法文译本、英文译本和俄文译本等。

关于意大利文译本，意大利社会主义者帕斯夸勒·马尔提涅蒂曾经在1884年11月18日致信恩格斯，询问可否将他的两部著作——《起源》（马尔提涅蒂当时正在翻译这部著作）和《德国农民战争》合成一本书出版。[②] 针对马尔提涅蒂的提议，恩格斯回信表示：“该书的题材和《起源》一书的题材毫无共同之处。因此……后一著作单独出版好，至于出版的方法，我完全听从您的决定。”[③] 1885年4月11日前，马尔提涅蒂完成了《起源》的翻译工作，并将译稿寄给恩格斯。恩格斯在收到译稿后，于4月11日回信并对已读部分给予高度评价，恩格斯说：“我给您写这几行字，仅仅是为了告诉您译稿[④]已经收到并且正在校阅。希望过十天半个月后，能将译稿连同我的意见和建议一起寄还。就我至今已经读了的那部分来看，我认为译得很好。”[⑤] 由于在同一时间内，恩格斯还收到了一份《起源》的丹麦文译稿，同时恩格斯还要校阅《资本论》的英文译稿，因此直到1885年5月19日，恩格斯才将《起源》意大利文译稿校阅完并寄出。恩格斯在1885年5月19日致马尔提涅蒂的信中说：“译稿和我的意见一并用挂号寄上。很遗憾，我没有很好掌握意大利文，不能更好地表述这些意见；我还是希望这些意见您都能懂得。使我惊奇的是，您从未在德国生活过，也没有在德国研究过语言，却那么好地转达了我的思想。我只发现有几个略语、俗语和成语译

① 《马克思恩格斯文集》第10卷，北京：人民出版社2009年版，第515—516页。

② 参见《马克思恩格斯全集》第36卷，北京：人民出版社1974年版，第754—755页，注释265。

③ 参见《马克思恩格斯全集》第36卷，北京：人民出版社1974年版，第263页。

④ 恩格斯《家庭、私有制和国家的起源》一书的意大利文译稿。——原编者注

⑤ 《马克思恩格斯全集》第36卷，北京：人民出版社1974年版，第293页。

错了；这些话对于一个不知道该国日常用语以至方言的人，是不能很好领会的，这些话无论在语法书上或词典里都是没有的。许多地方，只要您很好地领会了意思，我认为您可以译得更灵活、更大胆些。我担心，关于‘马尔克’的那条注释不够明确。我认为应该刊印的只有这一条注释。其余的只是让您知道一下就行了。如您对这条注释发生什么怀疑，请告诉我，我打算改写。请原谅，校阅拖了很久。白天我忙于口授马克思的手稿，晚上也不总是有空的：在同一时间内，有人寄来了一份丹麦文译稿①要我校阅，更不要说《资本论》② 的英文译稿了。”③ 1885年5月29日，意大利文版的《起源》已经在印刷中，恩格斯在给劳拉·拉法格的信中谈到了他对《起源》意大利文版的评价，即“译者做了他所能做的一切，某些地方确实译得很好。但是，不能期待一个在贝内万托自学德语的人，能把德国成语译成相应的意大利成语。我又不能改正这种缺点，因为我的意大利成语，不是意大利的，只是米兰的，而且这也差不多忘光了”④。1885年6月13日，意大利文版的《起源》应该已经出版，因此恩格斯致信马尔提涅蒂表示“请费神把您的译作寄**六本**给我——这就足够了”⑤。

关于波兰文译本，1884年8月12日，波兰社会党人、政论家玛丽亚·杨科夫斯卡娅-门德尔森（斯·列奥诺维奇）致信恩格斯，请求恩格斯允许将他的著作《起源》用波兰文发表。⑥ 为此，恩格斯于1884年8月中旬回信表示同意，但鉴于德国当时实行反社会党人法的恶劣氛围，所以希望波兰文版一定要在德文版之后出版。恩格斯在回信中说：“同意。——我不得不向您提出的唯一的、但必须遵守的条件是：在全书用德文出版以前，您**什么**也不要用波兰文发表。在德国，此书将立即

① 弗·恩格斯《家庭、私有制和国家的起源》一书的丹麦文译稿。——原编者注
② 第一卷。——原编者注
③ 《马克思恩格斯全集》第36卷，北京：人民出版社1974年版，第315—316页。
④ 《马克思恩格斯全集》第36卷，北京：人民出版社1974年版，第318页。
⑤ 《马克思恩格斯全集》第36卷，北京：人民出版社1974年版，第323页。
⑥ 《马克思恩格斯全集》第36卷，北京：人民出版社1974年版，第746页，注释214。

被查禁，稍一不慎或过早透露，都会引起德国警方的注意，妨碍德文版的推销，甚至很可能使一大批书被没收。因此，收到此信，务请告知，并答应我：您一定履行这个遗憾的必要条件。”① 玛丽亚·杨科夫斯卡娅-门德尔森在接到恩格斯回信后，立即在8月20日致恩格斯的信中表示当天就着手翻译。但后来由于未可考证的原因，于1885年出版的波兰文本最终是由J.F.沃尔斯基翻译的。②

关于罗马尼亚文译本，恩格斯在1888年1月4日致罗马尼亚政论家、社会民主主义者若昂·纳杰日杰的信中有所谈及，他说：“卡·考茨基……转给我几期《社会评论》和《现代人》，在这几期杂志中除其他材料外，还有您翻译的我的几篇著作，其中有《家庭……的起源》。请允许我对您的劳动表示衷心的感谢，您盛情地承担了这项工作，使这些著作能为罗马尼亚读者所了解。”③ 据考证，罗马尼亚文的《家庭、私有制和国家的起源》载于《现代人》杂志1885年第17—21期，1886年第22—24期。④

关于丹麦文译本，丹麦社会民主党人，社会民主党左派领袖格尔桑·特利尔承担了这项翻译工作。恩格斯在1885年2月底3月初校订了丹麦文部分译稿，认为译得很不错。⑤ 1885年4月23日，恩格斯在致维拉·伊万诺夫娜·查苏利奇的信中表示仍在校阅《起源》的意大利文译文和丹麦文译文，并阐发了“校订译文有时决不是一件多余的和轻而易举的工作”⑥ 的感叹。在1889年5月7日致保尔·拉法格的信

① 《马克思恩格斯全集》第36卷，北京：人民出版社1974年版，第201页。

② 参见《马克思恩格斯文集》第4卷，北京：人民出版社2009年版，第573页，注释17；《实现亡友的遗愿——〈家庭、私有制和国家的起源〉（1884年霍廷根—苏黎世版）的写作和流传情况》，胡慧琴译，载《马克思恩格斯列宁斯大林研究》1996年第2辑，原载《马克思恩格斯全集》历史考证版第1部分第29卷。

③ 《马克思恩格斯全集》第37卷，北京：人民出版社1971年版，第3页。

④ 参见《马克思恩格斯全集》第37卷，北京：人民出版社1971年版，第533页，注释1。

⑤ 参见《马克思恩格斯全集》第36卷，北京：人民出版社1974年版，第285页。

⑥ 参见《马克思恩格斯全集》第36卷，北京：人民出版社1974年版，第300页。

中，恩格斯再次说明，“特利尔是我的《家庭的起源》一书的译者”[①]。《起源》的丹麦文译本于1888年出版。

此外，《起源》的塞尔维亚文译本也于19世纪80年代末出版。[②]

关于法文译本，恩格斯早在写作《起源》的过程中，就预料到保尔·拉法格会想将《起源》翻译成法文，但是由于担心保尔·拉法格在翻译时的严谨性，因此迟迟没有答应。恩格斯的预料和担心可以从他的书信中表现出来。1884年5月26日，恩格斯致信劳拉·拉法格说：“我预料，我的《家庭……的起源》出版后，保尔一定很想译它，因为那里面的东西正好是他所熟悉的；如果他要译的话，他必须把握住德文字的原意，而不要用他所喜欢赋予它们的意思，因为我根本不会有时间去加工。……我刚刚赶完的那本小册子，在一段时间内将是最后一本独立的著作。”[③] 1884年9月13—15日，恩格斯在致爱德华·伯恩施坦的信中谈及拉法格翻译《起源》一事时说道：“关于翻译我的小册子一事，你说得很好很对。但拉法格是**怎样**翻译的呢？他既不问自己的妻子，也不查词典，一切由他自己干，自作主张：这个德文词相当于那个法文词，而且还以赞赏自己杰作的心情把译稿寄给我。这样干，我自己也干得了。他当然希望马上担负起来，不过我们还得再看一看。”[④] 后来，保·拉法格又表示打算把恩格斯的《起源》一书由意大利文转译为法文，这个打算也没有得到恩格斯的同意。[⑤] 恩格斯在1885年5月29日致劳拉·拉法格的信中说明了他不同意的原因，即“意大利文版的《起源》也在印刷中。但是，你会立刻发现，不大可能从意大利文版译成法文。如果保尔只不过利用它来帮助理解原著，那是他的事情；不然的话，这只能使他搞出低劣的**复制本**和不好的改写本，而我根本不愿意拿出这样的本子给法国人看。译者做了他所能做的一切，某些地方

① 《马克思恩格斯全集》第37卷，北京：人民出版社1971年版，第189页。
② 《马克思恩格斯文集》第4卷，北京：人民出版社2009年版，第573页，注释17。
③ 《马克思恩格斯全集》第36卷，北京：人民出版社1974年版，第156页。
④ 《马克思恩格斯全集》第36卷，北京：人民出版社1974年版，第206页。
⑤ 《马克思恩格斯全集》第36卷，北京：人民出版社1974年版，第762页，注释316。

确实译得很好。但是，不能期待一个在贝内万托自学德语的人，能把德国成语译成相应的意大利成语。我又不能改正这种缺点，因为我的意大利成语，不是意大利的，只是米兰的，而且这也差不多忘光了"①。后来，福尔坦表示有兴趣将《起源》译成法文，并于1885年12月6日在致恩格斯的信中询问恩格斯，寄去一份试译稿。② 1886年1月29日，恩格斯在致弗里德里希·阿道夫·左尔格的信中表示，当时他正在校订"《家庭的起源》——法文译稿"③。恩格斯这里提到的《起源》的法文译稿也许就是福尔坦的试译稿。但最终这项计划没能实现。1893年发行的第一次印刷的法译本是以《起源》的1891年第四版为依据的。④

关于英文译本，英国社会主义者、作家、政论家、马克思女儿爱琳娜的丈夫爱德华·艾威林博士和美国社会主义者弗洛伦斯·凯利-威士涅威茨基夫人都希望能够翻译。从恩格斯的相关书信来看，综合考虑《起源》翻译的难度、英美书报销售业的条件、美国工人运动的发展阶段及美国工人的需要、恩格斯著作的整体英译本情况等，恩格斯更倾向于由艾威林博士来翻译并在伦敦出版《起源》。恩格斯在1886年8月13—14日致弗洛伦斯·凯利-威士涅威茨基夫人的信中说："现在谈谈《起源》。这本东西比《状况》难译得多，每一页也许都要您付出较多的精力和时间。不过，如果我有时间校阅译文的话，这一点倒不会成为障碍，但您得付出必要的时间和精力，同时页边留宽一些，以便修改。这里还要注意一个情况。既然这本东西要用英文出版，那就应该在出版后使读者在普通的书店里就能买到。我估计《状况》就**不会**是这样。只要美国书报销售业条件同欧洲没有多大区别，书商就不会出售同他们

① 《马克思恩格斯全集》第36卷，北京：人民出版社1974年版，第318页。

② 《实现亡友的遗愿——〈家庭、私有制和国家的起源〉（1884年霍廷根—苏黎世版）的写作和流传情况》，胡慧琴译，载《马克思恩格斯列宁斯大林研究》1996年第2辑。原载《马克思恩格斯全集》历史考证版第1部分第29卷。

③ 《马克思恩格斯全集》第36卷，北京：人民出版社1974年版，第421页。

④ 参见《实现亡友的遗愿——〈家庭、私有制和国家的起源〉（1884年霍廷根—苏黎世版）的写作和流传情况》，胡慧琴译，载《马克思恩格斯列宁斯大林研究》1996年第2辑。原载《马克思恩格斯全集》历史考证版第1部分第29卷。

没有联系的工人政党的机构出版的东西。正因为此，宪章派和欧文派的出版物任何地方也没有保存下来，任何地方都无法找到，**甚至英国博物馆**都没有；正因为如此，我们德国党的所有书刊在书店里也买不到（早在反社会党人法以前很久就是这样），在党外，读者始终不知道这些书刊。有时候这种情况是无法预防的，但应该尽量避免。四十多年来，我在德国吃过这个苦头，现在我想使我的著作的英译本避免这种情况，这一点您是不会责备我的。英国的情况是：现在或者最近将来能为社会主义著作找到出版者，我不怀疑，明年我在这里能够出版英译本，并使译者得到稿费；此外，因为我早已答应艾威林博士翻译《发展》和《起源》（只要他**自己**能为自己的劳动搞到报酬的话），所以，要知道，美国版不由普通出版社出版，只会减少伦敦版由普通出版社出版并使读者到处都能买到的机会。此外，我并不认为，美国工人目前非需要这本书不可。《资本论》今年年底以前他们就可以买到，对他们来说这是最主要的。我的小册子作为通俗读物为实际宣传的目的服务，未必合适。在目前运动还不发展的阶段，我认为某些法国通俗著作倒是更合适些。……现在再来谈谈《起源》。我不想说，我已经无条件答应艾威林翻译这本东西，但是，如果译本要在**伦敦**出版的话，我认为我必须请他翻译。所以，最后如何处理，这在很大程度上要看您在美国出版这本东西的条件而定。……您自己知道，不仅这一本书，而且可能还有其他许多著作，我都有可能找一家资产阶级商业界中有名的出版社来出英文版，而且这样做有一个好处，就是翻译工作可以在这里进行（这会节省我很多时间），因此，在同意在美国单出版这一本小册子从而破坏整个事情以前，我得好好考虑考虑。同时，在目前美国反社会主义者的恐怖情况下，我怀疑您能找到一个愿意把自己的名字同社会主义著作联系在一起的职业出版者。……现在您可以相信，还要过一些时候美国工人**群众**才会开始**阅读**社会主义书刊。那些**已经在**阅读和将要阅读的人，可以找到足够的材料，他们最不会感到缺少《起源》这本书。盎格鲁撒克逊人的头脑，特别是在美国经过了一番非常讲究实际的发展，一点也不重视理论，除非是迫切的需要促使他们去接受理论，所以我的最大指望就是，我们的朋友们从自身错误的后果中得到的教训，会教育他们去钻研理论。”[①] 艾威林译的《家庭、私有制和国家的起源》一书在恩格斯在世时没有翻译出来。[②]

此外，恩格斯在1884年10月15日致卡尔·考茨基的信中还提道：“《起源》一书除要译成波兰文外，维·查苏利奇提出要译成俄文。”[③] 但从后来的结果看，该计划没有成行，《起源》的俄文译本后是根据1891年第四版译出的。

综上所述，《起源》1884年霍廷根—苏黎世版出版后，分别出版了意大利文译本、波兰文译本、罗马尼亚文译本、丹麦文译本和塞尔维亚文译本，其中意大利文译本和丹麦文译本是由恩格斯亲自审定的。除此之外，《起源》的法文译本、英文译本和俄文译本也都在商谈之中，但由于种种原因，未能翻译出版。

（二）《起源》第四版的出版与传播

1.《起源》第四版对第一版的修订与补充

自《起源》初版问世至1891年的7年时间里，“对于原始家庭形式的认识，已经获得了很大的进展”[④]。1886年，俄国社会学家柯瓦列夫斯基和瑞士法学家霍伊斯勒分别发表了《原始法权·第一分册：氏族》和《德意志私法制度》；1888年，法国人种志学家勒土尔诺发表了《婚姻和家庭之进化》；1890年，俄国社会学家柯瓦列夫斯基和德国历史学家库诺夫分别发表了《家庭及所有制的起源和发展的概论》和

① 《马克思恩格斯全集》第36卷，北京：人民出版社1974年版，第493—495页。
② 《马克思恩格斯全集》第36卷，北京：人民出版社1974年版，第793页，注释493。
③ 《马克思恩格斯全集》第36卷，北京：人民出版社1974年版，第221页。
④ 《马克思恩格斯文集》第4卷，北京：人民出版社2009年版，第18页。

《古秘鲁的农村公社和马尔克公社》；1891 年，芬兰社会学家韦斯特马克①发表了《人类婚姻史》；等等。因此，为了恰如其分地照顾到当时的科学状况，也为了弥补以前各版脱销的供不应求局面，恩格斯决定对《起源》第一版进行修订和补充。

关于《起源》第四版对第一版的修订和补充，恩格斯在 1891 年 7 月 7 日致劳拉·拉法格的信中指出："我正在结束《起源》第四版的修订工作。将有大量的重要补充，首先是写了一篇新序言（校样已寄给腊韦，该文可能在下期《新时代》上发表），其次是家庭一章有重大补充。"② 苏联学者文尼科夫曾对《起源》第四版对第一版的修订补充情况做过统计研究，他指出，这些修订和补充包括五种类型，共计 144 处。第一，文字上的修改，不改变本文基本的意义，有 51 处；第二，明确或发挥本文意义的修改和小的补充，有 44 处；第三，采用新的事实资料进一步发挥原来论点的，有 20 处；第四，原则性的修改和补充，有 22 处；第五，修改原文不确切的，有 7 处。按章节来看，第二章修改得最多，共 75 处，占了修改总数的一半以上。其次是第七章。修改不大的是第六、九章。几乎没有什么重大修改的是第一、三、四、五、八章。③

2.《起源》第四版的出版

恩格斯自 1890 年开始着手准备出版《起源》新版本。在可考证的相关书信中，恩格斯在 1890 年 4 月 11 日致卡尔·考茨基的信中首次谈及了出版《起源》新版本的事情，他说："昨天还收到了狄茨的来信，我……向他证实我同意……再版《起源》作为国际丛书中的一册。我

---

① 关于爱·韦斯特马克的名字，《马克思恩格斯文集》第 4 卷译为"爱·韦斯特马克"，《马克思恩格斯全集》第一版第 39 卷译为"爱·韦斯特马尔克"。本书中除部分直接引文中的名字仍采用"爱·韦斯特马尔克"之外，其他相关部分皆采用《马克思恩格斯文集》中的译法。

② 《马克思恩格斯全集》第 38 卷，北京：人民出版社 1972 年版，第 126 页。

③ 参阅文尼科夫：《〈家庭、私有制和国家的起源〉一书的第一版和第四版》，载《民族译丛》1956 年第 5 期。

还答应作一些补充。”[①] 1890 年 5 月 20 日，恩格斯已经开始为《起源》新版做资料方面的准备，他写信给弗·阿·左尔格，请求帮忙寻找摩尔根的最近著作——摩尔根的《美洲土著的住房和家庭生活》。[②] 恩格斯于 1890 年 7 月 30 日前收到了这本书。[③]

1891 年底，经过修改和补充的《起源》第四版在斯图加特出版，虽然具体出版日期不详，但可断定是在 1891 年 11 月 10 日前出版的。因为恩格斯在 1891 年 12 月 1 日致劳·拉法格的信中问劳·拉法格：“我三个多星期前寄给你的一本第四版《家庭的起源》，不知收到没有？我往欧洲寄了许多本，均未收到回音。寄往国外的书，哪怕少付半个便士的邮资，英国邮局都干脆予以没收，因此，我开始担心起来。”[④]

第四版出版后，又于 1892 年和 1894 年出版了第五版和第六版，这两版都是在第四版基础上翻印的。[⑤]

3.《起源》第四版的传播

《起源》第四版出版后，被译成法文（1893 年）、保加利亚文（1893 年）、西班牙文（1894 年）、俄文（1894 年）和英文（1902 年）等，其中法译文由劳拉·拉法格校订，并经恩格斯审阅。[⑥]

《起源》第四版的法文版于 1893 年出版，可以肯定的是，该书是在 1893 年 10 月 14 日前出版的。因为在 1893 年 10 月 14 日恩格斯致劳拉·拉法格的信中，他说：“我收到了三册《家庭的起源》的法译本。”[⑦]

《起源》的俄文译本于 1894 年在彼得堡出版，由德文第四版译出。

---

① 《马克思恩格斯全集》第 37 卷，北京：人民出版社 1971 年版，第 374—375 页。

② 《马克思恩格斯全集》第 37 卷，北京：人民出版社 1971 年版，第 408 页。

③ 《马克思恩格斯全集》第 37 卷，北京：人民出版社 1971 年版，第 425 页。

④ 《马克思恩格斯全集》第 38 卷，北京：人民出版社 1972 年版，第 230 页。

⑤ 参见《马克思恩格斯文集》第 4 卷，北京：人民出版社 2009 年版，第 573 页，注释 17。

⑥ 参见《马克思恩格斯文集》第 4 卷，北京：人民出版社 2009 年版，第 573 页，注释 17。

⑦ 《马克思恩格斯全集》第 39 卷，北京：人民出版社 1974 年版，第 144 页。

从恩格斯在1894年6月1日致尼古拉·弗兰策维奇·丹尼尔逊的信中可以看出，俄文译本的出版时间至少在1894年6月1日前，且恩格斯十分严谨地对已读译文给予了不错的评价，他说："《起源》的俄译本收到，十分感谢。就我读过的情况来看，我认为译文很好，对该书的书刊检查显然也是宽大的。"①

尽管在《起源》第一版出版后，恩格斯便同意由爱德华·艾威林博士将其翻译为英文版，但该译本在恩格斯在世时没有翻译出来。直到1898年艾威林去世，《起源》英文版也未能问世。因此，目前存在的《起源》英译本主要包括以下版本，且都根据《起源》第四版译出。第一，最早的《起源》英译本是由欧内斯特·翁特曼（Ernest Untermann）翻译，美国芝加哥查尔斯·H.克尔出版社1902年出版的版本。该版本主要内容包括第一版序言、第四版序言、正文，书前附译者序言。第二，1940年，英国伦敦"劳伦斯—威沙特"出版公司出版由阿利克·韦斯特（Alick West）译，多娜·托尔（Dona Torr）校的译本。该译本由第一版序言、第四版序言、正文和附录——《新发现的群婚实例》构成，书前附出版者说明。该译本于1941、1942、1943、1946、1972年再版。第三，1942年，美国纽约国际出版社出版《起源》英译本，未署译者，内容包括第一版序言、第四版序言、正文和附录——《新发现的群婚实例》。该版本于1963、1970年重印。1972年，该出版社以1942年版译本为基础，同时依据《马克思恩格斯全集》德文版第21卷（Dietz Verlag，Berlin，1962）中的德文原文对原译本进行了修订，出版了新版译本，即1972年第一版。该版主要内容仍为第一版序言、第四版序言、正文和附录——《新发现的群婚实例》，但在版权页增加了"出版者说明"，在书前附埃莉诺·伯克·利科克（Eleanor Burke Leacock）写的长达67页的导言，在书后附恩格斯的《劳动在从猿到人转变过程中的作用》及编者引言。从1972年版的"出版者说明"中可以

① 《马克思恩格斯全集》第39卷，北京：人民出版社1974年版。

得知，尽管该出版社在1942年版译本中并未署译者，但该译本的译者实为Aleck West，即1940年英国伦敦“劳伦斯—威沙特”出版公司的译本的译者。[①] 经笔者比对，1940年英国伦敦“劳伦斯—威沙特”出版公司译本与1942年美国纽约国际出版社译本确为同一译者的同一作品。第四，1940年，苏联莫斯科外文出版社出版《起源》英译本，未署译者，内容包括第一版序言、第四版序言、正文和附录——《新发现的群婚实例》。1948年，苏联莫斯科外文出版社出版修订本，同样未署译者，内容同样包括第一版序言、第四版序言、正文和附录——《新发现的群婚实例》，但是扉页有“出版者说明”，书前附联共（布）中央马克思恩格斯列宁研究院写的《序言》。在“出版者说明”中，出版者指出，“该版本依据恩格斯1891年的德文第四版进行了重新校订”。1948年版后来于1950、1952、1954、1959、1962、1968、1972、1977、1983、1985年重印。笔者目前只查阅到了1952、1954和1985年的重印本。1952年和1954年的重印本仍由苏联莫斯科外文出版社出版，书前不再附联共（布）中央马克思恩格斯列宁研究院写的《序言》。1985年的重印本则由进步出版社出版。第五，1972年，美国纽约寻路者出版社（Pathfinder Press）出版《起源》英译本，内容包括第一版序言、第四版序言、正文、附录——《新发现的群婚实例》《劳动在从猿到人转变过程中的作用》，书前附Evelyn Reed写的导言和关于翻译的说明。该译本于1973、1975、1976、1979、1983年重印。

此外，《起源》还收录在《马克思恩格斯全集》历史考证版（$MEGA^2$）第I部分第29卷第125—271页；《马克思恩格斯全集》德文版第21卷第25—173页，俄文第一版第16卷（上）第7—153页，俄文第二版第21卷第23—178页，英文版第26卷第129—276页，日文版第21卷第25—178页；《马克思恩格斯选集》英文版第2卷第170—326页；等等。

---

① 区别仅在于1940年“劳伦斯—威沙特”版将译者印为Alick West，1972年国际出版社版在“出版者说明”中将译者印为Aleck West。

《关于原始家庭的历史》（即第四版序言）收录在《马克思恩格斯全集》历史考证版（$MEGA^2$）第Ⅰ部分第29卷第132—144页；《马克思恩格斯全集》德文版第22卷第211—222页，俄文第一版第16卷（下）第117—128页，俄文第二版第21卷第214—225页，日文版第22卷第217—230页；《马克思恩格斯选集》英文版第2卷第172—184页；等等。

二　国内主要版本和传播情况

《起源》一书是最早传入中国的恩格斯经典著作之一，在中国的翻译和传播经历了个人中文摘译本阶段、个人全译本阶段和新中国成立后有组织的集体翻译出版三个阶段。

（一）个人中文摘译本阶段

这一阶段的时间跨度为20世纪初至20年代末，期间的《起源》译本主要有两个特点：第一，翻译由个人完成；第二，译本并非全译本，而是摘译本，主要刊载在杂志刊物上。这一时期《起源》的主要摘译本如下：

1908年，中国出现了最早的《起源》摘译本。由志达摘译的《起源》第二章的若干段落，发表在《天义报》（日本东京）1908年2—5月第16—19卷合卷刊载的志达的《女子问题研究》一文中。该文将恩格斯这部著作译为《家族、私有财产及国家之起源》。

1920年10月，恽代英译述了恩格斯关于家庭的起源的观点，以《英哲尔士论家庭的起源》为题，发表在《东方杂志》第17卷第19号第50—55页和第20号第67—71页。这里的英哲尔士即指恩格斯，译述的主要内容为《起源》第四版序言和第二章“家庭”的部分内容，译述所依据的文本是《起源》英译本，这些信息在译文前的“译者志”中有所说明。恽代英在“译者志”中指出：“英哲尔士（Frederick Engels）为马克斯（Karl Marx）的挚友，终身在宣传事业中联合努力。读马氏传的，无有不知他的。此篇节译其论家庭起源的意见。原书名'The Origin of Family Private Property and the State'。"[①] 另外，需要说明的是，这里之所以称恽代英"译述"的恩格斯论家庭的起源的意见，意在表明这种摘译不是按照原文逐段逐句翻译而成的，而是对部分段落内容的概述性翻译。

1922年1月15日，邓中夏以笔名重远摘译的《起源》一书中关于国家的性质及其如何消亡的论述，刊载在他在《先驱》创刊号发表的题为《共产主义与无政府主义》的文章中。[②]

1923年8月，熊得山摘译的《起源》第一章、第五章、第六章、第九章，分别以《历史以前底文化阶段》《国家的起源》《未开与文明》为名，发表在《今日》（北京）第3卷第2期第76—81、30—46、57—75页。[③]

（二）个人全译本阶段

这一阶段的时间跨度为20世纪20年代末至50年代中期，期间的《起源》译本也呈现出两个特点：第一，翻译仍由个人完成；第二，译本主要以全译本的形式出现。这一时期《起源》的主要译本如下：

1. 李膺扬译《起源》译本

该译本由李膺扬根据欧内斯特·翁特曼的英译本译出，并同时参照了西雅雄氏及田中九一氏根据德文版的二种日译本。它于1929年6月10日由新生命书局（上海）出版，书名译为《家族私有财产及国家之起源》，著者译为"恩格尔"，印有"社会科学名著译丛"字样，封面注明

---

① 《英哲尔士论家庭的起源》，恽代英译，载《东方杂志》第17卷第19、20号，1920年10月。

② 参见《恩格斯和马克思主义》编写组编：《恩格斯和马克思主义》，北京：中国人民大学出版社1985年版，第511页。

③ 北京图书馆马列著作研究室编：《马克思恩格斯著作中译文综录》，北京：书目文献出版社1983年版，第206页。

“李膺扬译”，封底注明“校订者周佛海　译者李膺扬”，为竖排平装本。主要内容包括恩格斯写的第一版序言（1884 年）、第四版序言（1891 年）和正文，书前附出版者陶希圣于 1929 年 6 月 14 日写的序和译者序言。

出版者陶希圣在他写的序中介绍了《起源》的价值及出版《起源》的意旨，即“这本书的重要，是在以历史的唯物论来叙述民族学家所发见的材料。这本书的价值，是在民族学家所发见的事实能作历史的唯物论的证明。……本书是民族学开山巨著与历史唯物论交流之产物。我们介绍本书因此也有两方面的意义。第一在使读者得知历史唯物论的具体证据。第二在引起读者对民族学研究的端绪和兴趣”①。

译者在译者序言中简要介绍了《起源》写作的动因、基础、主要内容，以及该译本得以形成的文本依据，写道：“本书有如著者在序言中所说，是恩格尔继承马克思在生前有志而未遂的工作所完成者，他根据关于这一问题的摩尔根之划时代的研究，加上自己的研究，并插入马克思的评注……把自蒙昧，野蛮以至文明的人类之生活之历史，由唯物史观的见地，简单地论述。我们从本书，不仅获得在历史研究方法上的一般的指示，更可看到人类原始生活中许多有趣味的事实，与三千年来我们文明基础的一夫一妻家族，私有财产制度及国家之沿革，还有锐利的马克思主义的对此之批评。要想知道马克思学派怎样地看男女关系，怎样地看国家，本书便是极有兴味而且重要的指针。……本书以 Ernest Untermann 的英译为底本；当翻译时，并参照西雅雄氏及田中九一氏根据德文版的二种日译本。”②

该译本在 1929 至 1937 年间，由新生命书局（上海）重印了 7 版，其中自第五版（1934 年 3 月 10 日）起未署校者；在所有 7 版中，恩格斯都被译为“恩格尔”，全名被译为“菲特力克·恩格尔”。具体版本、形式如下：1930 年 3 月 30 日，再版，印有“社会科学名著译丛”字

① 《家族私有财产及国家之起源》，李膺扬译，上海：新生命书局 1929 年版，第 2—3 页。

② 《家族私有财产及国家之起源》，李膺扬译，上海：新生命书局 1929 年版，第 1—7 页。

样，竖排平装本。1931 年 4 月 30 日，第三版，印有“社会科学名著译丛”字样，竖排平装本。1932 年 7 月 23 日，第四版，印有“社会科学名著译丛”字样，竖排平装本。1934 年 3 月 10 日，第五版，印有“新生命高等文库”字样，封底无“校订者周佛海”字样，竖排平装本。1936 年 2 月 20 日，第六版，印有“社会科学名著译丛”字样，竖排平装本。1937 年 5 月 5 日，第七版，无“社会科学名著译丛”或“新生命高等文库”等字样，竖排平装本。

1938 年 6 月，明华出版社重印该译本，封面书名同样译为《家族私有财产及国家之起源》，但著者译为“恩格斯”，全名译为“福里特里黑・恩格斯”，未署译者和校者，内容包括第一版序言、第四版序言和正文，同时删去了陶希圣的序和译者序言，竖排平装本。据笔者考证，明华出版社译本基本完全采用了前 7 版李膺扬的译本，区别仅在于两点：第一，将著者译为“恩格斯”。第二，去掉了部分译者注。例如，李膺扬译本“第一版序言”的第二段第一句话为“本书仅对我的故友（即马克思——译者注）所未能完成的工作，做成一点补充而已”①。明华出版社译本为“本书仅对我的故友所未能完成的工作，做成一点补充而已”②。

2. 未署译者、出版者、无出版时间等信息的译本

该译本为横排平装本，封面书名译为《家庭私产及国家的起源》，扉页书名为《家庭，私产及国家的起源》，封面著者译为“恩格思”，“第一版序言”和“第四版序言”末尾著者译为“法兰特里希・恩格斯”，无译者、出版者、出版时间等信息，内容由第一版序言、第四版序言和正文构成，封底有手写“一九三〇年　三、十六”字样。从该译本本身来看，可以确知该译本与李膺扬译本以及明华出版社基本重印的李膺扬译本不是一个译本，除此之外尽管无法获得关于该译本的其他确切信息，但是可以推断出以下内容：第一，该译本的出版时间在

① 《家族私有财产及国家之起源》，李膺扬译，上海：新生命书局 1929 年版，第 2 页。
② 《家族私有财产及国家之起源》，李膺扬译，上海：明华出版社 1938 年版，第 1 页。

1930 年 3 月 16 日前。尽管无从考证该译本封底手写的时间点具体是购书者标注的购书时间抑或是出版时间抑或只是随手写的过去的一个时间点，但无论怎样，可以肯定的是，在 1930 年 3 月 16 日已经出现了该译本。第二，该译本可能是第一个将著者“恩格斯”译为“恩格斯”的译本。尽管该译本在封面将著者译为“恩格思”，但是在“第一版序言”和“第四版序言”末尾处则将著者译为“法兰特里希·恩格斯”。由于我们可以推断该译本在 1930 年 3 月 16 日前便已出现，早于 1938 年的明华出版社译本，因此据目前可考资料来看，该译本很可能是第一个将著者译为“恩格斯”的译本。第三，据目前可考资料来看，该译本很可能是第一个在书名中呈现出“家庭”字样而不是“家族”字样的译本。

3. 张仲实译《起源》译本

1939 年，张仲实在盛世才反动统治下的新疆，不顾白色恐怖，根据莫斯科马克思恩格斯列宁学院院长亚多拉茨基重新校阅并编辑注释的《起源》俄译本，将《起源》译为中文。该译本于 1941 年 2 月由学术出版社（上海）出版，书名译为《家族私有财产及国家之起源》，著者译为“恩格斯”，全名译为“福里特里克·恩格斯”，印有“古典名著译丛”字样，主要内容为第一版序言、第四版序言、正文和附录——《新发现的群婚场合》，书前有译者序言，书中有编者注，竖排平装本。

张仲实的译本后来多次再版或重印，例如，1946 年 5 月，生活书店（上海 重庆）版，书名译为《家族私有财产及国家的起源》，印有“世界学术名著译丛”字样，竖排平装本；1947 年 1 月，生活书店（重庆 星加坡）重印，注明“胜利后第 2 版”，印有“世界学术名著译丛”字样，竖排平装本；1948 年 11 月，光华书店版，印有“马列文库之六”字样，竖排平装本；1949 年 4 月，新中国书局（印有“东北现名光华书店”字样）（长春）再版，印有“世界学术名著译丛”字样，竖排平装本；1949 年 4 月，生活·读书·新知三联书店第一版，竖排平装本；1949 年 7 月，新华书店（大连）重印，竖排平装本；1950 年 2

月，生活·读书·新知三联书店（上海）再版，书名为《家族、私有财产及国家的起源》，印有“马列主义理论丛书”字样，竖排平装本；1950年4月，生活·读书·新知三联书店（北京）第三版，印有“马列主义理论丛书”字样，竖排平装本；1950年10月，北京生活·读书·新知三联书店第五版，印有“马列主义理论丛书”字样，竖排平装本。

1954年，张仲实根据苏联国家政治书籍出版局1947年所出的《起源》俄文译本，对自己翻译的《家庭私有财产和国家的起源》一书进行了重新校订，补译了联共（布）中央马克思恩格斯列宁研究院序言一篇，并请人民大学研究部樊亢、谢家、王更生同志根据俄文译本，参考英、日译本校阅一遍，请中国科学院社会研究所汪敬虞同志根据英文译本校阅一遍，请北京大学东方语文系季羡林同志根据德文原文校订前半一部分，① 该校订本于1954年10月由人民出版社出版。书名改译为《家庭、私有制和国家的起源》，主要内容有第一版序言、第四版序言、正文、附录——《新发现的群婚实例》②，书前有联共（布）中央马克思恩格斯列宁研究院写的《序言》，书后有《译者后记》（写于1954年5月10日），书中有著者注、英文版编者注、俄文版编者注，本版为横排本，分精装、平装两种。

（三）有组织的集体翻译出版阶段

从20世纪初到1949年新中国成立前，马克思、恩格斯、列宁的许多重要著作都已经有了中文译本，但从整体上看，经典著作文本的中国化还存在大量问题，如经典作家的遗著中仍有大量文献尚未翻译介绍；已经出版的译本质量良莠不齐；各种译本译文风格不一，对经典作家的范畴、概念和术语译法不一；等等。在这种情况下，为了进一步提高译

① 参见《家庭、私有制和国家的起源》，张仲实译，北京：人民出版社1954年版，第176—177页。

② 1941年版译为《新发现的群婚场合》。

文质量，更全面地反映经典作家的全部理论，亟须成立一个专门机构来组织指导并从事经典著作文本的翻译工作。因此，新中国成立前夕，周恩来同志于1949年上半年起草了筹建中央俄文编译局的决定，中央俄文编译局于1949年6月正式成立。此后，中央又在中宣部设立了《斯大林全集》翻译室。1953年1月29日，经毛泽东同志亲自批示，中央决定将上述两个机构合并，成立中共中央马恩列斯著作编译局，“其任务是有系统地有计划地翻译马克思、恩格斯、列宁、斯大林的全部著作”[①]。中共中央编译局成立后，中国的马克思主义经典著作编译事业进入了一个有组织的集体翻译出版的新时代。借着这股东风，《起源》的翻译出版工作也进入了有组织的集体翻译出版的新阶段。

1954—1955年，中国派在苏联外国文书籍出版局工作的同志依据俄文版《马克思恩格斯文集》（两卷本）集体翻译出版了中文版《马克思恩格斯文选》（两卷本），《起源》被收入《马克思恩格斯文选》第2卷[②]第169—325页，内容包括第一版序言、第四版序言和正文，注明“集体翻译　唯真校订”。《马克思恩格斯文选》（两卷本）在《马克思恩格斯全集》出版之前被广泛使用，1958年和1963年，人民出版社先后两次重印。

1955年，中央编译局正式启动《马克思恩格斯全集》中文第一版的翻译工作，《马克思恩格斯全集》中文第一版依照收录《起源》正文和第一版序言的《马克思恩格斯全集》俄文第二版译出，同时参考了马克思的原著文字。[③] 其中《家庭、私有制和国家的起源》正文和第一版序言被收入1965年9月出版的第21卷；第四版序言和“新发现的一

① 中央关于成立马恩列斯著作编译局与撤销中央俄文编译局的决定，参见《思想的历程》创作组编：《思想的历程：马克思主义在中国的百年传播》，北京：中央编译出版社2011年版，第107页。

② 《马克思恩格斯文选》（第2卷），莫斯科：外国文书籍出版局1955年版。

③ 参见《马克思恩格斯全集》第1卷，北京：人民出版社1956年版，扉页。说明：《马克思恩格斯全集》俄文第二版是根据苏联共产党中央委员会的决定，由苏共中央马克思列宁主义研究院编译，苏联国家政治书籍出版局于1955年开始出版的。

个群婚实例”被收入1965年5月出版的第22卷。联共（布）中央马克思恩格斯列宁研究院为《起源》写的《序言》未被收入《马克思恩格斯全集》中。关于中央编译局译校的《家庭、私有制和国家的起源》与以前译本的联系与区别，中央编译局在收录《起源》正文和第一版序言的《全集》第21卷中指出：“‘家庭、私有制和国家的起源’一书，是在人民出版社1961年单行本译文的基础上校订的，并由原译者张仲实同志审阅一遍”①；在收录《起源》第四版序言和“新发现的一个群婚实例”的《全集》第22卷中指出：“关于原始家庭的历史（巴霍芬、麦克伦南、摩尔根）。‘家庭、私有制和国家的起源’一书德文第四版序言”和“新发现的一个群婚实例”二文，是在1961年人民出版社出版的“家庭、私有制和国家的起源”一书（张仲实译）译文的基础上修订的。②

1966年3月，人民出版社出版《家庭、私有制和国家的起源》大16开本单行本，共两册，恩格斯的《新发现的一个群婚实例》作为附录收入本书，书后附注释151条，函装横排本。在该版的封底中，出版社对本单行本的文本来源及内容作了简要说明，指出：“本书中第一版序言和正文部分的译文采自《马克思恩格斯全集》中文版第21卷，第四版序言和附录的译文采自《全集》中文版第22卷。这次排印大16开本时，由中共中央马克思恩格斯列宁斯大林著作编译局对译文作了一些修改。”③

1972年，为了适应读者学习马克思主义的需要，中央编译局编辑了4卷本《马克思恩格斯选集》，由人民出版社于1972年5月出版，封底注明“中共中央马克思恩格斯列宁斯大林著作编译局编”，其中《起源》被收入《选集》第4卷第1—175页，收入内容为第一版序言、第四版序言和正文，未附《新发现的一个群婚实例》。《选集》中《起源》

① 《马克思恩格斯全集》第21卷，北京：人民出版社1965年版，第827页。
② 参见《马克思恩格斯全集》第22卷，北京：人民出版社1965年版，第862页。
③ 恩格斯：《家庭、私有制和国家的起源》，北京：人民出版社1966年版，封底。

的译文采用人民出版社出版的《马克思恩格斯全集》的译文，经过了重新校订。①

1972年12月，人民出版社出版《家庭、私有制和国家的起源》单行本，注明“中共中央马克思恩格斯列宁斯大林著作编译局译”，内容包括第一版序言、第四版序言、正文和附录《新发现的一个群婚实例》，书中有编者注，书后附注释和《族名索引》，横排平装本。

1995年，中央编译局编译的《马克思恩格斯选集》中文第二版由人民出版社出版发行，扉页注有“中共中央马克思恩格斯列宁斯大林著作编译局编译”。《选集》第二版的译文以第一版为基础，并依据1975年开始陆续出版的《马克思恩格斯全集》历史考证版，及《马克思恩格斯全集》德文版、英文版等进行了重新校订②，并对注释和索引进行了增补和修订。经过重新校订过的《家庭、私有制和国家的起源》被收入《选集》第二版第4卷第1—179页，收入内容为第一版序言、第四版序言、正文，未附《新发现的一个群婚实例》。

1999年，人民出版社出版了列入《马克思列宁主义文库》的《起源》单行本。

2009年，由中央编译局编译的《马克思恩格斯文集》10卷本由人民出版社出版发行，扉页注有“中共中央马克思恩格斯列宁斯大林著作编译局编译”。《文集》的译文根据《马克思恩格斯全集》历史考证版（$MEGA^2$）、《马克思恩格斯全集》德文版（柏林）和《马克思恩格斯全集》英文版（莫斯科、伦敦、纽约）作了重新审核和修订。经过重新审核和修订的《起源》被收入《文集》第4卷第13—198页，内容包括第一版序言、第四版序言和正文，未收入附录《新发现的一个群婚实例》。

---

① 参见《马克思恩格斯选集》第1卷，北京：人民出版社1972年版，第1页；《马克思恩格斯全集》第21卷，北京：人民出版社1965年版，第27—203页；《马克思恩格斯全集》第22卷，北京：人民出版社1965年版，第246—259页；《马克思恩格斯选集》第4卷，北京：人民出版社1972年版，第1—175页。

② 参见韦建桦：《马克思主义理论建设的崭新成果——〈马克思恩格斯选集〉中文第2版简介》，载《马克思恩格斯研究》1995年第23期。

2012年，为了确保经典著作译文的统一性和准确性，由中央编译局编译的《马克思恩格斯选集》中文第三版由人民出版社出版发行，扉页印有“中共中央马克思恩格斯列宁斯大林著作编译局编译”字样，《选集》译文采用《马克思恩格斯文集》的译文，《起源》被收入《选集》第4卷第12—195页，内容包括第一版序言、第四版序言和正文，未收入附录《新发现的一个群婚实例》。

此外，民族出版社还根据中共中央马克思恩格斯列宁斯大林著作编译局的中译文翻译出版了蒙文版（1976年2月）、朝鲜文版（1976年12月）等民族文字的《起源》译本。新疆人民出版社出版了哈萨克文的《起源》译本（1959年版）。[①]

（本文来自2017年中央编译出版社出版的江洋所著《恩格斯〈家庭、私有制和国家的起源〉研究读本》有关内容。）

① 参见北京图书馆马列著作研究室编：《马克思恩格斯著作中译文综录》，北京：书目文献出版社1983年版，第208页。

家族私有財產及國家之起源

古典名著譯叢

恩格斯著
張仲實譯

學術出版社印行

譯者序言

F・恩格斯底這部名著，像他的其他好多名著一樣，也是千古不朽的傑作，也是新社會科學軍械庫中的重要武器。牠的內容，主要地是根據莫爾根古代社會一書的材料及其他關於古代社會學的珍貴資料，研討古代即所謂蒙昧和野蠻兩時期底社會制度之基本特徵。起頭係闡發婚姻與家庭形態隨着社會底經濟進步而來的變化；其次係根據希臘人、羅馬人及日耳曼人三個民族底例子，分析原始氏族制度底解體過程及這一解體底經濟原因，而指出私有產、階級及國家發生底經過。本書內容的理論豐富性是非常顯著的。牠樹立了社會形態發展的理論，簡單扼要地說明了私有產、階級及國家底曾經如何發生、及其將來如何消滅，與夫國家底本質如何。要是恩氏底『反杜林論』、『費爾巴哈論』、『自然底辯證法』，及『社會主義從空想到科學的發展』等名著，都是關於新哲學關於辯證唯物論是「經典」，那末，他的這本名著可說是關於社會形態發展理論底『經典』了。

這本名著，在國內出版界已見過兩種譯本，但就譯文看去，兩種似乎都是從英文本或日文本譯出的。本譯本是根據莫斯科馬、恩、列學院院長亞多拉茨基所重新校閱及所編輯註釋的俄文標準譯本譯來的。凡書中註解註有『編者』字樣的，就都是亞氏所加的。名著底譯本是不怕多的；而且把拙譯本底內容與以前兩種譯本的作一比較，也可以看出這部名著還有第三種譯本出版的必要。所以，譯者於工餘仍把牠譯出來，獻給讀者。不過，古典的理論著作，大抵文字艱深，很難翻譯；拙譯本中不完善之處一定還是有的，讀者如有發見，還希給以善意的指教！同時，以前兩種譯本當中的一種（明華本）譯者參考的地方也不少，在這裏，順便敬向該譯本譯者（未註明姓名）誌謝！

書末『新發現的羣婚場合』一文，係恩格斯於一八九二年所寫，曾登載在是年十一月份的"Die Neue Zeit"上面。其中所講的庫頁島上吉拉克人的羣婚情形，與本書內容有關係，故亞多拉茨基特取出附在俄文本書末，作爲附錄，本譯本也同樣譯了出來，以供讀者底參考。這也是本譯本與以前兩種譯本不同的地方。

張仲實於迪化。

目次

一八八四年第一版序言

我寫本書，在某種意義上可說是執行遺言。卡爾·馬克思本人本想跟他的——在某種限度內可說是我們兩人的——對歷史唯物研究底結論聯繫起來來說明摩爾根底研究底成績，也只有用這種方法才能闡明這些成績底全部意義。因爲摩爾根在美國根據他的研究，又重新發見了四十年前被馬克思所發見的唯物史觀，並且他根據它在他對野蠻與文明底比較中，於主要點上曾達到了與馬克思相同的結果。而且如出一轍，德國御用的經濟學者，多年以來對於資本論底熱心剽竊，不下於對它的頑強地窒死，同樣，英國『先史』學底代表者對於摩爾根底古代社會一書(註)的態度，也是如此。本書可說只是對於我的故友所未能完成的工作，聊作補償而已。不過，我的手中有着他所作的摩爾根一書底詳細摘要和評註，我在相適應的地方把這些評註轉載在這裏。

(註)摩爾根古代社會一書，亦名人類從蒙昧經過野蠻至文明之發展路徑研究("Re-earches in the Lines of Hunan Progress from Savagery through Barbarism to Civilisation")一八七八年倫敦麥克米倫公司出版。書係在美洲印刷，故在倫敦購買頗難。作者已於數年前去世(一八八一年——譯者。)

依據唯物論的見解，歷史上的確定要素，歸根結柢，則是直接的生活底生產與再生產。不過，生產又可分爲兩類：一方面是生存手段（衣、食、住、及對於這所必要的工具）底生產；他方面是人類自身底生產，卽種底延續。生活於一定的歷史時代及一定地域內的人們底社會制度，是由兩種生產形式所規定的：卽一方是勞動底發展階段，他方是家族底發展階段。當勞動愈不發展，其生產品底數量，從而，以及社會底財富愈有限制的時候，則血統關係對於社會制度底支配影響，表現得愈强烈。可是，在這種以血統關係爲基礎的社會底四分五裂底範圍以內，勞動底生產力却逐漸發展起來，隨之而私有財產與交換、財富上底差別、使用他人勞動力底可能性、與夫階級矛盾底基礎，也日益發展起來，代之而起的後代底新社會份子竭力謀使舊的社會制度適應於新的條件，直到兩者底不相容性引起一個完全的革命爲止。新形成的社會各階級底衝突，突破了以氏族聯合爲基礎的舊社會；新社會便取它而代之，這種新社會組織成爲國家，國家底單位已不是血族團體，而是地方團體了，在這種社會裏面，家族關係已經完全服從了私有產關係，階級矛盾及階級鬥爭，也由此自由地展開，這種階級矛盾和階級鬥爭則構成了從前全部成文歷史底內容。

摩爾根底偉績，就在於他發見了並且在主要的特點上恢復了我們的成文歷史底這種史前的基礎，而在北美印第安人底氏族團體中找到了一把鑰匙，可用以解開太古歷史——希臘、羅馬及日耳曼歷史——底重要之謎，那迄今尚未能解決之謎。他的著作，決不是一朝一夕的勞動。他研究自己所得的材料，到完全熟悉它們止，費時四十年有餘。唯其如此，他的著作才成爲那些在科學上開闢一個新紀元的現代若干傑出的作品之一。

在以後的敍述中，讀者在大體上很容易辨別出來，那些是屬於摩爾根的創見，那些是我所附加的，在論希臘及羅馬的歷史的各節；我並未限於摩爾根底論據曾補充以我手中所有的材料關於克勒特（Clets）人及日耳曼人的各節，大體上是屬於我的；在這方面摩爾根所有的材料，差不多只是轉引自別人的；至關於日耳曼人一節——除了塔西佗（Tacitus）以外——祇不過利用福禮門（Freeman）先生底不高明的自由主義的僞造資料罷了。對於一些經濟問題底闡發，就摩爾根底目的說來算是很充分了，但就我的目的說來，實在不夠得很，所以，我把它重新改寫過了，最後，未直接引證摩爾根而作的那些結論，當然由我負責。

福里特里克·恩格斯

第四版序言

——論原始家族歷史（巴哥芬、麥克·林南、摩爾根）——

本書以前諸版印數雖多，但在差不多半年前卽已盡數售罄，發行者老早就請求我準備新版。惟因羈於要務，迄今尚未着手。自本書初版發行以來，歷時已有七年；在這幾年間，對於原始家族形態底研究，已經獲得了很大的進步。因此之故，在這裏有加以縝密改訂和增補之必要；尤其這次原文底排印，預定要打紙型，使我在若干時期再無加以修改的可能了。

因此，我把全文細心地重新校閱了一遍，作了有許多增補，希望由此可以對現代的科學狀態，能充分的顧計到。此外，在這篇序文後邊，我把自巴哥芬（Bachofen）至摩爾根各家對於家族歷史底發展，再作一簡單的鳥瞰；我之所以要這樣做，主要是因爲帶有極端排外主義情緒的英國原始歷史學派，還在竭力抹殺摩爾根底發見對於原始歷史見解所產生的革命，而同時這一學派却絲毫不吝氣地把摩爾根研究所得的結果掠爲己有。而且在其他各國裏面某些地方也在十二分熱心地仿效着英國的這一榜樣。

我的這本書已被譯成了各種文字。最先譯成意大利文：“L'origine della Famiglia, della proprieta e della stato, versione riveduta dall'autove, di pasquale uartignetto” Benevento, 1885. 其次譯成羅馬尼亞文：

"Origina Familci, proprietatei private si a statu lui, traducere de daon Madejde"自一八八五年九月起至一八八六年五月止連續登載在亞斯所發行的"Contemporanul"雜誌上面。再其次譯成丹麥文"Familjens, privatejendomnens og stalens Oprindelse, Dansk of Forfatteren gennemgonet Udgane, besorget of Gerson trier" Kjobenhaun 1888. 安里·拉威氏從這本德文版本譯成的法文本也正在印刷中。

* * * *

在一八六〇年代初期以前，關於家族底歷史是不大談到的。在這一領域內的歷史科學還是完全處在摩西（Moses）五經底影響之下的，摩西五經中對於家長的家族形態有着比任何地方更詳盡的描寫，人們不僅認爲這種家長制的家族形態是毫無保留地最古的形態，而且把它跟現代資產階級的家族——除一夫多妻制外——看成同一個東西，因之從這一觀點看來，老實地說，家族一般並未經過任何歷史的發展；至多不過承認在原始時代或者有過雜亂的性的關係一時期而已。是的，除過一夫一妻制之外，一般所知道的還有東方的一夫多妻制（Polygamy）及印度西藏的一妻多夫制（Palyandry）；可是，這三種形態並不能按歷史的次序排列起來，牠們是同時並存的，並沒有任何相互的聯繫。至於在古代的各個民族中間，如在現存的若干蒙昧人中間一樣，血統不是依父而是依母決定的，因之只有母系一種才受人注意；同時，在今日的許多民族中間，一定的多少大的集團（那時尚未作詳細地研究）內部，尚禁止通婚，而且這種習慣，在世界各處都可見到——所有這種種事實，雖然已盡人皆知，而且這樣的例子也已經積的很多，但是沒有人知道應當怎樣去處理它們，甚至泰洛（E. B. Taylor）所著的人類原始歷史之研究（"Researches into the Early History of Mankind," 1865,）等書中，把這些事實也只是被人簡單地當作奇怪的習慣而加以敘述，與若干蒙昧人禁用鐵器接觸着火之木，以及類似的宗教上的悖理行爲相提並論。

對家族歷史底研究是從一八六一年開始的，當時曾出版了一本巴苛芬底『母權論』（Mutterrecht）一書。巴氏在該書中曾提出了如下的論則：

1. 人類最初是過着雜亂的性交生活的，他把這種性的關係，用了一個不大適當的名詞叫做"Hetaerism"；

2. 這種關係排除了確切認知父親的任何可能，因之，血統祇能依母系依母權來決定，古代底一切民族起初都是如此；

3. 因此之故，女性當作母親，當作年青後代底唯一確切知道的親長，而享有高度的敬重和尊崇，據巴苛芬底意見，這種敬重和尊崇竟達至女性底完全的統治（婦女政治——gynaecocracy）；

4. 向一夫一妻制以一個女子專屬於一個男子底過渡，含有對遠古宗教戒律底侵害（即事實上對其餘一切男子對於這一位女子底古昔權利底侵害），這種侵害要求贖罪或應由女性在某一定時期內委身於他人藉作賠償。

巴苛芬曾從古代典型的文獻中引了好多的辛勤搜集的事例，作爲這些論則底證據。由"Hetaerism"底發展到一夫一妻制，及由母權底發展到父權，據他的意見，——特別是希臘人——是在宗教觀念底進一步發展底結果而發生的，是在代表新觀念的新神浸入代表舊觀念的傳統的一羣神中的結果而發生的；因之，舊觀點逐漸被新觀念所壓倒了。所以，照巴苛芬看來，並不是人類底現實生活條件底發展，而是這種生活條件在人類頭腦中底宗教的反映，曾引起了男女兩性底相互的社會地位上底歷史變遷。根據這一點，巴苛芬把伊士奇洛斯（Aeschylos）的奧勒斯提雅神話（Oresteia），解釋為沒落的母權跟發生於英雄時代而獲得勝利的父權之間底鬥爭底戲曲式的描寫。該神話底大意如下：

克里登內斯脫娜（Clytaemnestra）為了她的情人——伊吉斯搭斯（Aegisthus），把她的剛從特洛耶（Trojan）戰爭歸來的丈夫——阿加綿農（Agamemnon）殺了，但是她和阿加綿農所生的兒子奧勒斯提（Orestes）殺死他的母親，以報父親被害底仇。為此，保護母權底鬼神們——厄麟尼斯神（Erinyes）都告發他，因為照母權制，殺母是最重大而不可贖的罪。但是阿玻羅神（Apollo）（他曾經過自己的神託（Oracle）鼓勵奧勒斯提去做此事的）與雅典尼神（Athene）（被請求當裁判官的）——這兩位神在這裏都是代表新的父權制度的——却都替奧勒斯提辯護；雅典尼神審問兩方面。一切爭點，可以簡單扼要地用奧勒斯提與厄麟尼斯神們的辯論撮述出來。奧勒斯提的辯駁是：克里登內斯脫娜既殺了自己的夫，又殺了他的父，是犯了二重的罪。為什麼厄麟尼斯神們要告發他而不告發更犯重罪的她呢？答辯是駭人聽聞的：

『她跟被她所殺死的丈夫，是沒有血統關係的』。

殺死一個沒有血統關係的男人，即使他是殺死他的婦人的夫，也是可以贖罪的，此事跟厄麟尼斯神沒有絲毫關係；她們的職務只是在拿辦有血統者中間底殺害案件，在這裏，按照母權制，殺母是最重大而不可贖的事情。但是，阿玻羅却出而給奧勒斯提做辯護人，於是雅典尼神就把問題提出由高等法院底委員們——雅典尼的陪審員們——投票表決結果主張宣告無罪與有罪底票數相等，此事；雅典尼神以裁判長的資格，給奧勒斯提投了一張票，宣告他無罪。這樣父權制便戰勝了母權制；如像厄隣尼斯神們自己給他們起的名字『青年後代底神』戰勝了厄隣尼斯神們，終於後者也同意擔任新的職務，給新的秩序服務了。

這一對奧勒斯提雅底新而完全正確的解釋，乃是巴苛芬全書中最精彩最優良的處所之一，但同時它却證明，巴苛芬自己至少對於厄隣尼斯神、阿玻羅神及雅典尼神的相信，不下於當日的埃士奇洛斯；也就是說他相信這些神們在希臘的英雄時代曾成就了一種奇蹟：顛覆母權制，而代以父權制。顯然的，類似的，把宗教當作世界歷史底決定槓杆的觀念，結局，一定要歸於純粹的神祕主義。所以通讀巴苛芬底這部龐大的書，乃是一件吃力而毫無益處的事情，不過，這一切並不減低他爲一個開闢新路徑的研究者底功績，他是頭一個拋棄了關於毫無所知的原始雜亂性交狀態的空言，而實行旁徵博引，證明古典文學中有着許多遺跡，可藉以推知在一夫一妻制之前，在希臘人及亞細亞人中間，在事實上，確有這種情形底存在，即不但一個男性可與幾個女性發生性的關係，且也一個女性也可以與幾個男性發生性的關係，這在當時，都不算違反習慣；自這種習慣絕跡以後，便遺留下一種痕迹，謂女性應當暫時委身於別的男性，藉以購得自己的一夫一妻制底權利；因此，血統在以前只能依女系，即從母到母而確定；這種女系底特殊意義，在父權業已確定或至少業已公認之下的一夫一妻制時代，還保存很久當作子女惟一可靠的親長之母的這種原始地位，便給她們乃至一般女性，保證了一種崇高的社會地位，這種地位以後她們從未有過了。是的，巴苛芬並沒有這樣淸晰地撮述這種種論則（他的神祕的世界觀阻止了這，）但是他卻證明了這些論則，這在一八六一年不啻是一種眞正的革命。

巴苛芬底龐大的書，是用德語寫的，即用當時對現代家族原始歷史最不感到興味的民族底言語寫的。因此，他的這一本書，終於湮沒不聞。巴苛芬底最近的繼起者，於一八六五年躍登同一競技場，還沒有聽聞過他呢。

這個繼起者，就是麥克・林南(J. E. McLennan)他和他的先驅者是正相反對的。在這裏，擺在我們面前的，不是天才的神祕家，而是乾燥無味的法律家；不是粗魯的詩人的幻想，而是出現於法庭的辯護士底理性的巧辯。麥克・林南在古代及近世底許多蒙昧、野蠻或甚至文明民族中，發見了這樣一種結婚形態，即新郎一個或者與他的友人，似乎應到新娘家中去用暴力刼奪她。這個習慣，就外表看來，乃是古代習慣底遺風，那時一部落底男性確須用暴力從別個部落中給自己去刼掠妻。這種『刼婚』是怎樣發生的呢？當男子在自己部落內可以找到足夠的女子時，是絕對不會有這種刼婚的動機的。不過，我們往往發見不大發展的民族中，存在着若干集團（在一八六五年時還往往把此種集團與部落自身看成同一個東西，）在此種集團內部，禁止通婚，因此，男性祇好向本集團之外去取妻，而女性也只好向本集團之外去找夫；但是在別的部落內，卻又有這樣一種習慣，即某一集團底男性只能在自己的本集團以內娶妻。麥克・林南把第一種集團叫做族外婚(Exogamous)，把第二種集團叫做族內婚（Endogamous），他並且簡單明瞭地確定了族外婚『部落』與族內婚『部落』

間之嚴格的對立。雖然，他自己的對族外婚底研究，使他正面地碰見了這種事實，即這種對立，在許多場合之下，（雖不是大多數或甚至常常）只是存在於他的想像中，可是他仍把這種對立作爲他的學說底基礎。依據這一說法，族外婚的部落只能從別的部落中娶妻，而這在蒙昧時期所普通的各部落間不斷混戰之下，只有用刼奪的方法才能做到了。

麥克·林南更問道：這種族外婚底習慣是從何而發生的？他的回答是：血緣關係與近親通姦的觀念對它是沒有絲毫關係的，因爲這種種觀念只是很後很後才發展起來的一種現象。但在蒙昧人中間當女孩生後即予殺死的習慣却很盛行，這當是它的起因。這在各個部落內便造成了男子底過剩，其正面的結果不可免地便是幾個男性共有一個妻——即一妻多夫制（Polyandry）。由此而又造成一結果，即所生孩子只知有母而不知有父親，因之親族關係底計算，只能按照女系，而決不能依照男系，這就是『母權制』。部落內女性缺少——這缺少雖由一妻多夫制所緩和但未被消除——底第二個結果，便是有系統地暴力地誘拐別個部落內底女性。『族外婚與一妻多夫制既是起於同一個原因——兩性數目的不平等，那麼我們就應當認爲，一切族外婚的人種起初都是實行一妻多夫制的。……因此我們應當認爲無可爭論的，即在族外婚的人種中間，最初的親族制度，必是僅由母親方面認知血緣的辦法。』（見麥克·林南的古代史研究一八八六年出版，原始婚姻，一二四頁。）

麥克·林南底功績，就在於他指出了他叫做族外婚這一事實底各地流行和很大的意義。他並沒有發見族外婚集團存在底事實，而且他也不理解這一事實。許多觀察者底——他們都是麥克·林南材料底來源，——較早的片斷意見就不用說了，拉當（Latham）就曾精當而正確地敍述過印度馬格爾(Magars)人的這種制度（見他的記述人類學一書），他並且指出，這種制度曾到處流行，在地球上各地都可看見——這是麥克·林南自己所引用的地方，而且我們的摩爾根於一八四七年在他的關於易洛魁人（Iroquois）的通信（登載在"American Review"雜誌上）中及於一八五一年在易洛魁同盟（The League of the Iroqais）中，就發現了該部落底這個制度，並有正確的記述，可是麥克·林南底辯護士的頭腦，如我們所看到的，在這個問題上，比巴苛芬在母權領域內的神秘的幻想弄成了更大的混淆。麥克·林南底又一功績，就在於他承認依母權計算血統底制度是原始的，雖然在這一關係上，像他本人以後所承認的一樣，巴苛芬是超過他的。不過，即在這裏他也有不大清楚的地方。他經常說到『只依女系的親族關係』（Kinship through Females only），這一用語僅對初期發展階段是正確的，但他經常把這一用語應用於最後的發展階段，在這一發展階段上，血統與繼承權雖仍專按女系計算，但親族關係也從男性方面承認和決定的了。這是法律家底一種偏狹性，法律家給自己創造一個牢固的法權公式以後，便繼續以不變的方式把它應用於早已不復適用的條件了。

然而在其或然性之下，麥克·林南底理論，即在著者自己看來，在外觀上也是不大有根據的。至少他本人所注意的是『這件顯著的事實，即（假想的）刼奪女性底形態，正是最明確最確定地表現於那盛行男性親族關係（即依男系的血統）的民族中間。』（見古代史研究，一四〇頁。）其次，他又說：『據我們所知道的，在族外婚與最古的親族關係形態並存的地方從沒有有系統地實行殺嬰兒習慣，這是很奇妙的。』（見該書一四六頁。）這兩件事實都是跟他的說明方法正面矛盾，因之他祇能用新的更加混淆的假說與牠們對立起來。

可是，他的學說在英國却獲得了很大的贊許和同情；在英國，一般把麥克·林南認為是家族歷史底創始者和在這一方面的最高權威。他的族外婚『部落』與族內婚『部落』底對立，雖然曾經定下了許多的例外與變體，但依然是支配觀點底公認基礎，而變為有色眼鏡，使自由觀察所研究的領域，因之可以造成某一重大進步成為不可能了。總之，在英國以及在仿效英國榜樣的別國，對麥克·林南都評價過高，我們與此相反而應當側重指出的，即他的基於純粹誤會的族外婚『部落』與族內婚『部落』底對立所招致的毒害，比之他的發見所帶來的益處要來得多。

可是不久便開始出現了很多很多的事實，這些事實在他的整然的理論框架以內容納不下了。麥克·林南僅知道三種婚姻形態：一夫多妻制，一妻多夫制及一夫一妻制。但是當一般注意力剛集中於這一點的時候，却出現了好多的證據，知道在不發展的各民族中間，都存在過這樣一種婚姻形態，即數個男性共同佔有數個女性，劉布克（Lubbock）在他的文明底起源（"Origin of Civilization" 一八七〇年出版）一書中曾承認這種羣婚（Communal marriage）為歷史的事實。

翌年——一八七一年，摩爾根又以新鮮的，在許多方面還是決定的材料出現了。他相信，易洛魁人所行的特殊的親族制度，雖然是跟事實上從那裏所行的婚姻制度所發生的親族等級直接衝突的，但是牠在美國底一切原始住民中都可遇到，因之牠廣行於全大陸。他曾說服美國聯邦政府，根據他自己所起草的問題及表格，去搜集關於其他諸民族親族制度的報告，他從答案中得出以下的結論：

1. 美洲印第安人的親族制度，也流行於亞細亞無數部落中間，且以外觀略加改變的形態，流行於非洲及澳洲的許多部落間。

2. 這種制度在羣婚底形態上，找到了自己的完全的說明，這種羣婚在夏威夷及其他澳洲數島上，正處於沒落階段。

3. 但是，與這種婚姻形態並存的，在這些島嶼上，還行着這樣一種親族制度，即它只有用更原始而如今業已消滅的羣婚形態，才能加以說明。

他把所搜得的報告與他從中所得的結論，一同發表在他的血族及親族制度（"Systems of Consanguity and Affinity"）一書中；由此遂引起了範圍無比廣大的爭論。他以親族制度出發，並製定了相應於此的家族形態，於是他開闢了一條新的研究路徑及進一步觀察人類先史時期的可能。自這個方法凱旋以後，麥克·林南底華美建築便烟消雲散了。

麥克·林南在原始的婚姻（Primitive marriage）（Studies in Ancient History, 1875）底新版中辯護自己的學說。他自己非常巧妙地、特用許多假說之助，湊合成家族底歷史，他不但向劉布克及摩爾根要求他們的每一斷言底證據，而且要求像在蘇格蘭法庭上所須有的那種不可爭論的證據。這是這樣一個人作的，這個人竟從日耳曼人母方伯叔父跟姊妹底兒子之間有密切關係(Tacitus, Germania, P.20)、從凱撒(Caesar)謂布里特人(Britone)每十人至十二人共有一妻的故事從古代著作家謂野蠻人共妻的其他一切故事中，毫不動搖地得出結論說，所有這些民族都曾經是盛行過一妻多夫制的！我們於此不禁想起一位檢查官的故事來，他自己在處理起訴底資料時，任意所爲，但是他却要求辯護人每句話須有最正式的法律上有根據的證據。

他斷言羣婚乃是純粹的虛構；這樣，他便比巴哥芬落後得多了。據他的意見，摩爾根的親族制度，乃是社會禮儀底簡單規例，這可拿印第安人把外國人、把白種人也稱呼爲『兄弟』或『父』一事實，作爲證明。這正和某人想認爲父、母、兄弟、姊妹等稱號只是一種毫無意義的稱謂方式一樣，因爲人們把天主敎的主持及女主持，也稱爲父與母，而僧道和尼姑，甚至如共濟會員(Free-masons)及英國同業公會會員在莊嚴的集會上，彼此稱呼也用『兄弟』及『姊妹』等字。要之麥克・林南底辯護是異常脆弱的。

不過還有一點，他未被攻擊。他的全部體系於以安置的族外婚『部落』跟族內婚『部落』間的對立，不僅沒有被搖動，甚至享有了普遍的承認，視作家族歷史全部底基石。大家公認麥克・林南想說明這個對立的企圖是不充分的，而且是跟他自己所舉的一些事實相抵觸的。不過這一對立自身乃是兩種互不相容的自主而獨立的部落底存在，其中一種是在本部落以內娶妻，而其他一種則絕對禁止這種習慣，這一存在認爲是不可爭論的眞理。例如，試把吉羅・條隆的家族之起源(Giraud-Teulon: "Origines de la Famille" 1874)及甚至劉不克的文明之起源』(Lubbock: "Origin of Civilization," 一八八二年第四版)比較一下，便可知道。

摩爾根底主要著作古代社會(一八七七年)，就是討論這一問題的本書卽是以該書作基礎的。那摩爾根在一八七一年僅只矇矓地所預先感覺到的，在這裏已經充分明顯地加以發揮了。族內婚與族外婚，並沒有構成對立物；族外婚『部落』底存在，直到現在還沒有地方可作證明。不過，在羣婚尙盛行的時代——羣婚當時大概在各處都盛行過的——一個部落曾分爲好多依母系有血緣的集團，『氏族』，在氏族內部曾嚴格禁止通婚，因之，某一氏族底男性，雖能在部落以內娶妻，但照例——事實也是如此——却不能在氏族以內娶妻。如此，要是氏族是嚴格地族外婚的，那麼包括氏族全體的部落，便成了同樣嚴格的族內婚的了。這一事實遂澈底推翻了麥克·林南底人工構造底最後的殘餘。

但是摩爾根並不以此爲滿足。他以美洲印第安人底氏族爲基礎，在他所研究的領域以內向前推進了第二大步。這種氏族是依母權制組織的，在這種氏族內，他發見了後來的依父權制組織的氏族——卽我們在古代文化民族中所看出的氏族所由以發展的初步形態。一向成爲一切歷史家之謎的希臘及羅馬氏族，如今從印第安人的氏族中得到說明了，自此全部原始歷史底一個新的基礎便發見了。

這個最初的母權氏族(一切文化民族底父權氏族前的一階段)底發見，在原始歷史上的意義，正和達爾文發展論底於生物學及馬克思剩餘價值說底於政治經濟學相同。它使摩爾根得以首次繪成家族歷史底略圖；在迄今所知道的資料所能容許的限度以內，這種略圖在大體上至少事先確定下了古典的發展階段，人人都知道，這在原始歷史底研究上開放了一個新時期。母權氏族曾成爲這一整個科學藉以旋轉的樞軸，從牠的發見的時候起，人們始知道應向什麽方向、應研究什末，應如何去整理所得的結果了。因此之故現在在這領域內，遂達到了比在摩爾根底一書出版以前更迅速的進步。

摩爾根底發見，如今卽在英國也被原始歷史底一切研究者所承認，或者更確切些說被剽竊了。但是差不多我們在他們之中找不出一個人來，他肯公開承認觀點上的這一革命應歸功於摩爾根的。他的著作，在英國是盡量地被隱匿着，僅用謙遜地稱讚他的以前的著作的方法來避開他本人；對於他的記述中的個別部分，吹毛求疵，而關於他的眞正偉大的發見卻緘默不言。古代社會底第一版已經售罄了；在美國，這類書並沒有應有的銷路；在英國，該書似乎有系統地被加以排擠，而在書肆上尚能找到的這一劃時代的勞著底唯一版本，卻是德文的譯本。

這種冷淡底原因何在呢？在這種冷淡情形之中，我們不能不看出一種沉默底陰謀，尤其把單是出於謙虛態度而舉的無數引證以及把我們的公認的原始歷史研究者底著述所充滿着的休戚相共底證據加以注意，更令人有此種感想。是不是在於摩爾根是個美國人呢？在英國的原始歷史研究者看來，最難堪的是他們很熱心地在蒐集值得一切承認的材料，但是關於整理與分類這種材料所必要的一般觀點一句話，關於觀念卻不得不依靠兩個天才的外國人巴苛芬與摩爾根。要是德國人的話，他們尚可忍受，但是一個美國人，他們是不能忍受的！對於美國人，每個英國人便都成了愛國主義者，關於這一點，我在美國，曾看到了許多滑稽的例子。還有一層，就是麥克・林南曾是個英國原始歷史學派底所謂『欽定』的創辦者兼領袖他的從殺害嬰兒經一妻多夫制並經掠奪婚姻以至母權家族的人爲的歷史構造這種歷史構造現在在原始歷史領域內已經奉爲金科玉律了；對於絕對互不相容的族外婚『部落』與族內婚『部落』底存在，稍有懷疑，便視爲洪水猛獸；這樣，摩爾根像煙消雲散一樣打破了所有這些神聖的教條，不啻犯了一種瀆聖罪。而且更糟的，是摩爾根用以打破這些教條的論據，一經說出來，便立即爲人人所明白了；因之，向來孤立無援地徬徨在族外婚與族內婚之間的麥克・林南底崇拜者，一定要叩首而大聲疾呼道：我們何其這樣愚蠢，爲什末自己老早不把牠說出來呢

要是甚至這些罪過不夠使官方學派以冷眼看待摩爾根的話，那麼他還有做得過分的地方，就是他不僅對文明，對商品生產社會，對我們的現代社會底根本形態加以批判（此種批判有點像傅利葉、）而且還講到這一社會底未來的革新，其所用的字眼，只有馬克思才能說出的。所以，摩爾根是完全罪有應得的，麥克・林南忿然地非難他，說『歷史法是他素來所不喜的，』日內瓦的教授吉羅・條隆先生也於一八八四年把這種非難重演了一下。這位吉羅・條隆先生於一八七四年（家族之起源）就孤立無援地徘徊於麥克・林南的族外婚底迷宮中，後來摩爾根才把他救了出來。

摩爾根對於原始歷史所作的進一步的成就，在這裏恕不說及了，在這一點上所必要的，在本書正文裏面都已經指出了。自從他的主要著作出版以來，已經十四年了，這十四年的工夫已使我們的關於原始人類社會歷史的資料大加豐富了；除人類學者、旅行家、及原始歷史底職業研究者以外，再加上比較法律學底代表者他

們一面附加了若干新的材料，一面並附加了若干新的見地。因之，摩爾根底若干個別的假說，則被動搖，或甚至被推翻了。不過，新蒐集的資料，并沒有使他的主要的基本觀點被別的所排出。他插入原始歷史的秩序，在基本的要點上，迄今仍是有效的。甚至可以說，人們愈要力謀隱匿摩爾根所造成的這一偉大的進步，那麽他愈要日益獲得一般的承認。(註)

腷里特里克·恩格斯

一八九一年六月十六日，於倫敦。

(註)我於一八八八年九月間從紐約返歐途中，曾遇到了位前羅切斯特選擧區底國會議員，他知道摩爾根，很可惜的，他關於他能述說的不很多。摩爾根曾以只研究自己的學術工作的私人資格住在羅切斯特，他的兄弟是個大佐，在華盛頓陸軍部服務，藉這位兄弟之助，摩爾根竟成功使政府對他的研究有所資助，他的數種著作，卽係用公款出版的；我的對談者，在國會議員任內，據他說，關於這一點也曾有奔走。

家族，私有產及國家底起源

第一章　有史以前的諸文化階段

摩爾根曾是頭一個以專門知識謀使人類底史前具有一定體系的人，到日益更多的資料加以改變時爲止，他所提供的分類方法無疑的還是有效的。

在三個主要時代——蒙昧時代、野蠻時代及文明時代之中，不消說祇有前二者及向第三者的過渡才使他最感興味的。他依照生存手段生產上的進步，把這兩個時代中的每一時代又分爲最低階段、中級階段與最高階段，因爲——他說——『這一生產上的技藝，對於人類凌駕和支配自然的程度，有着決定的意義；在一切生物之中，祇有人類才成功達到了對於食物生產底幾乎無限制的支配。人類進步底一切偉大時代，都是跟生存資料底諸擴充時代，多少直接相符合的。』家族底發展也跟這大致相同，不過，這一發展對於時期底劃分沒有予以這樣顯著的徵候罷了。

一　蒙昧時代

一、**最低階段**——爲人類底幼年時代。這時人類還是居在原始居住底地方，即居在熱帶的或亞熱帶的森林中。他們至少有一部分是住在樹上；只有拿這一點才能說明他們之生存於大猛獸之間。果實、堅果、根莖，便作了他們的食物有節語底發展是這一時期底主要成就。在有史時期所知道的一切民族之中，處於這種原始狀態中的已經沒有一種了。雖然這一狀態大概曾延續了數千年之久，但是，我們却不能根據直接的證據去證明牠；不過，我們既承認人類是起源於動物界的，那麼，我們就應當承認有這種過渡狀態了。

二、**中級階段**——是從食物中用魚類（蝦類、貝殼類、及其他水棲動物都包括在內）與使用火開始的。這兩者是互相聯繫着的，因爲魚類食物，只有靠火的幫助，才能作成完全適於吃的東西。自有了這種新的食物，人類才脫離氣候及地方而獨立起來了；他們甚至在蒙昧狀態中也可以沿着河流及海岸，散佈於地面的大部分。早期石器時代底粗製的、未加琢磨的石器，即所謂古石器（Palaeolilhie）時代的石器，完全或大部分是屬於這一時期的，這種石器廣佈於一切大陸上，便是這一移動底證明。新地帶底移住和不斷的本能的探索欲，隨着鑽木取火，更提供了新的食物品：在熱灰及燒穴（地窖）中烘烤的澱粉質的根莖與塊莖，獵物都是，隨着最初武器——棍棒與戈矛底發明，獵物也成了偶然的附加的食物。像書籍中所敍述的專事打獵的民族，換一句話說，即只是靠打獵以生活的，是從未有過的；因爲，靠打獵所得的東西，是極其靠不住的。由於食物來源長期沒有保證的結果，在這一時期，似乎發生了食人之風（Canibalism），這種風氣，後來保持頗久。即在今日，澳大利亞人（Australians）及玻里內西亞人（Polynesians）還是處在這個蒙昧的中期。

三、**最高階段**——是從弓矢底發明開始的，獵物因爲有了弓矢，便成了日常的食物，而打獵成了正常的勞動部門之一。弓、絃、及矢，都已經是一種很複雜的工具，這些工具底發明，要有長期蓄積的經驗及銳敏的智力，因之，以及對其他許多發明底同時熟悉前提。把已知弓矢，但尙不知陶器技術（摩爾根認爲是從陶業向野蠻時期的過渡的）諸民族，彼此比較一下，我們的確就可以看到分住成村落底若干端緒，生存資料生產底某種嫻熟程度了，如：木製的容器與用具，手織的纖維織物（沒有織機），用樹皮或蘆葦編成的籃，以及琢磨成的（新石器時代的——Neolithie）石器。火與石斧大抵已經給了製造獨木舟的可能，有的地方已經用木材和木板來建築房屋了。例如在美國西北印第安人中間，我們就可以看到這一切成就了，美國西北印第安人雖已使用弓矢，但還不知道所謂陶業，弓矢爲蒙昧時代的決定武器，正如鐵劍爲野蠻時代及槍炮爲文明時代的決定的武器一樣。

二　野蠻時代

一、**最低階段**——是由製陶器術的應用開始的。在許多場合之下，可以證明，陶器是由於用粘土塗在編製或木製的容器上使其能耐火的方法而發生的，大概各地都是如此。不久之後，人們便發見成型的粘土可以作這樣的用處，而用不着內部的容器了。

在此以前，我們只能認爲這一發展底行程，是一般的，在一定時期，一切民族底發展，正都是如此，而與他們的生活地毫無關係，但是到了野蠻時期，我們曾達到了這樣一個階段，即兩大陸的天然條件中底差異，卻獲得了意義。野蠻時期底顯著特色，便是動物底馴養與植物底栽培。東大陸即所謂舊世界，差不多有着一切適於馴養的動物與除一種以外一切適於栽培的穀類；而西大陸即美洲，在適於馴養的一切哺乳動物中，只有駱馬一種，就是這一種也只是在南部有的；而在一切栽培的穀類中也只一種，但却是最好的一種，就是玉蜀黍。由於自然條件上底這種差異的原故，每個半球底居民自此以後，便各循着各的獨特的路途前進，而表示各個階段和發展底界標，在兩方面也就各各不同了。

二、**中級階段**——在東大陸是從家畜底馴養開始的，在西大陸是從靠灌溉之助栽培食用植物及建築上使用乾磚（Adobes即用日光晒乾的生磚）與石頭開始的。

我們先從西大陸說起，因爲在那裏，在未被歐羅巴人征服以前，不論何地，還是沒有越過這個階段的。

尙處在野蠻最低階段上的印第安人（凡是住在密西西比河以東的都屬於他們），當他們被發見的時候，已有若干庭園式的玉蜀黍種植，間或也有南瓜、甜瓜、及其它野菜底種植，此種野菜曾構成他們營養上最重要的部分；他們住在木造房子裏，並在用木柵圍起來的村落中。西北各部落，特別是住在哥倫比亞河流域的各部落尙處在蒙昧底最高階段上，他們還不知道陶器術及任何種類的植物底栽培。反之新墨西哥所謂湳埃布洛（註）底印第安人、墨西哥人、中美洲底居民，以及祕魯人當征服時，已處在野蠻的中級階段，他們住在用生磚石頭造成的類似城堡的房屋中，在人工灌溉的庭園內栽培玉蜀黍及其他各種（依所在地及氣候而轉移）或食用植物，此種東西已作爲他們食物底主要來源，甚至他們已經馴養若干種動物。墨西哥人已經飼養吐綬鷄及它種鳥類，祕魯人已經飼養駱馬。此外，他們已經知道了金屬的加工——惟有鐵除外，因此之故，他們還非用石製的武器及工具不可。西班牙人的征服，則斬斷了任何進一步向獨立的發達。

（註）蒲埃布洛（Pueblo）係西班牙語，卽村社之意。蒲埃布洛印第安人住在美國柯洛拉多、尤達、新墨西哥、亞里遜及墨西哥北部。他們的村落爲一種「絕壁城市」，頗似蜂巢。蒲埃布洛印第安人爲庭園型的農人，有着複雜的村有灌溉體系。——編者

在東半球上，野蠻底中級階段是從供給乳及肉的動物底馴養開始的，而植物底栽培在這裏似乎這一期間還好久未被知道。牲畜底馴養與繁殖及大規模畜羣底形成，似乎曾使雅利安人（Aryans）與塞姆人（Semites）得和其餘野蠻大衆分離開來。歐洲的雅利安人與亞洲的雅利安人（註）底動物名稱，還是共通的；而栽培植物底名稱，差不多總是互異了。

（註）亞利安人，係十九世紀中期用以表示那現代科學中所慣用的有條件的「印度歐羅巴的」一詞的術語。印度歐羅巴人底重要分枝爲印度伊朗人（印度人、波斯人等），希臘人、古羅馬人及今日的羅曼族、日耳曼族、斯拉夫族、列特·立陶宛人等——編者

畜羣底形成在適當的地方便走上了遊牧生活；如塞姆人之在幼發拉特河與底格里斯河有草的平原上，雅利安人之在印度亞馬河、錫爾河、頓河及狄尼泊河底平原上。起初動物底馴養大概是在這種牧場底邊界上作到的，因之後人便以爲遊牧民族是起原於此種地方，就是此種地方不僅不能成爲人類底搖籃地，而且反之，對於人類底蒙昧的祖先，甚至對於處在野蠻最低階段上底人們，也都差不多不能居住的，適爲相反，自這些中

級階段上的野蠻人習慣於遊牧生活以後，再也不會想從河谷底灌溉牧草地自願地回到他們祖先所住過的森林區域裏去了。甚至當塞姆人及雅利安人更進一步被排擠到北部及西部的時候，在這種不大適宜的土地上穀物底栽培，未予他們以養活自己牲畜以前，特別在冬季，他們是不會走向亞洲西部和歐洲森林地方去的。更可確信的，就是在這兒穀類底栽培，當初是由於牲畜飼料底需要所引起的，只是到後來才取得了人類食物底意義。

雅利安人及塞姆人底卓越的發展，應歸功於該兩人種底豐富的肉乳食物，特別是此等食物對於兒童發展上底優良影響。事實上，迫不得已而差不多專食植物食物的新墨西哥、蒲埃布洛印第安人，其腦確比已處在野蠻最低階段但多吃肉類與魚類的印第安人的、要小些。惟無論如何，在這個階段上，食人之風已經逐漸消滅，僅當作宗教儀式或當作魔法（在這兒差不多是同樣的）而保存着。

三、最高階段——是從鐵礦底鎔鍊開始的，並經文字底發明與它的應用於記錄而轉入文明時代了。這一階段，前邊已經過說，只是在東半球上獨立經過的，其生產底進步，要比過去一切階段底總和還要來得豐富。英雄時代底希臘人，在羅馬建立稍微前一點底意大利諸部落，搭西佗（Tacitus）時代底日耳曼人，海賊時代諾曼人都是屬於這個階段的。(註)

（註）即紀元前九世紀的希臘人，八——七世紀的意大利諸部落，紀元一世紀的日耳曼人，九世紀的諾曼人。海賊係指斯堪丁那維亞各國於中世紀侵犯他國（英法南意利利、俄）的武人和航海者。——編者

首先，我們在這裏初次遇到了帶有鐵尖的用家畜拖曳的木犁；自有木犁以後，大規模的土地耕耘，田野耕耘，而同時生活品底在實踐上對於當時條件毫無限制的增加便都有可能了；後來森林底採伐和森林底伐墾而成爲耕地及草地，要是沒有鐵斧與鐵鋤，仍是不能廣大規模的進行的。同時，人口也急速增殖起來在不大的地域內，人口逐漸稠密。在田野耕作以前，惟有特殊的條件才能把五十萬人集合在一個統一的中央指導之下；不過，這樣的事情大概是從不有過的。

野蠻最高階段底全盛時期，我們在荷馬(Homer)的詩中，特別在伊里亞特(Iliad)(註)中可以見到。完善的鐵器、風箱、手搗臼、製陶器用圓板、油及酒底製造、已經發達的金屬工（曾轉爲藝術手工業）、貨車及戰車、用梁及板的造船術、當作藝術的建築術底開端，有齒形城牆和門樓的城市，荷馬的敘事詩及全部神話——這些都是希臘人由野蠻引渡給文明的主要遺產。我們若把凱撒（Caesar）甚至塔西佗對於日耳曼人（那時日耳曼人尚處在此種文化階段本身之初期，而荷馬時代的希臘人已經預備由此種文化階段轉向最高階段了）底記述跟這種成就作一比較，便可看出，野蠻底最高階段已經含有生產底如何豐富的發展了。

(註)伊利亞特是古希臘的一首敘事詩，產生於紀元前九世紀。這首詩是敘述希臘人之圍攻特羅城（在小亞細亞），並描寫所謂英雄時代底古希臘人底軍事與社會生活。——編者

我在這裏根據摩爾根所描繪的一幅人類經蒙昧和野蠻而達到文明開端底發展圖景，已經有着十分豐富的新的和不可爭辯（這更其重要）的特徵了，因爲這些特徵都是直接由生產中取得的。不過把這幅圖景

跟我們研究終了時展開在我們面前的那幅圖景一比較，那牠就顯示得太暗濟和可憐了；祇有在那時候，才能完全闡明由野蠻底轉到文明及牠們兩者之間的顯著的對立。目下我們只能把摩爾根的分類概括如下：蒙昧是以採取現成的自然生產物爲主底一個時期；人底製造品主要是作爲這種採取底輔助工具。野蠻是牧畜業及農業開端底一個時期，是學習用人類的活動之助以增加天然產物生產的方法底一個時期，文明是學習對天然產物進一步加工底一個時期，是原來所謂的工業及藝術底一個時期。

第二章　家族

摩爾根一生底大部分，是住在易洛魁人中間。（此種易洛魁人現在還生活在紐約州，）他並且過繼給他們部落中的一族，即塞奈卡族（Seneca）做養子。他發現易洛魁人所行的血族制度是和他們的事實上的家族關係相矛盾的，易洛魁人曾盛行一種被雙方容易離異的婚姻，摩爾根把這種婚姻稱爲『對偶家庭。』這種夫妻配偶底後裔，因之爲衆所週知與公認：對誰應用父、母、子、女、兄弟、姊妹等稱呼，是不會有疑義的。但此等稱謂底事實上的使用，是跟這相抵觸的。易洛魁人的男子，不僅把自己親生的小孩稱爲子女，而且把他的兄弟底小孩也稱爲子女；而小孩們把他稱爲父。他把自己的姊妹底小孩，稱爲自己的姪子和姪女，他們稱他爲叔父。適爲相反，易洛魁人的女子，把自己姊妹以及她自己親生底小孩稱爲子及女，他們稱呼她爲母。她把自己兄弟底小孩稱爲姪子和姪女，她自己被稱爲他們的叔母。同樣，兄弟底小孩們，互稱爲兄弟姊妹，姊妹底小孩們，也是如此。反之，一個婦女底小孩和她的兄弟底小孩，互稱爲從兄弟及從姊妹。這種種稱呼，並不是空名，而是現實上流行的對血屬關係底親疏及同等與否底觀點之表現；這種觀點，曾作了一個完全構成的親族制度底基礎，這種親族制度足以表現某一個人底數百不同的親族關係。不僅此也，這個制度不僅通行於一切美洲的印第安人，（直至現在尚未發見過例外）而且也差不多毫無變更地行於印度底最古的住民得康（Dekan）底杜拉維德

（Drareidian）部落、及印度斯坦底哥拉（Gaura）部落。南印度底泰米爾人（Tamils）及紐約州底塞奈卡•易洛魁人所用以表示親族關係的名稱。即在現在，就二百多種不同的親族關係說，都是同樣的，在此等印度部落中間正和在一切美洲印第安人中間一樣從現行家族形態所發生的親族關係，也是跟親族制度相抵觸的，

怎樣來說明這一點呢？鑒於親族關係在一切蒙昧及野蠻民族底社會制度中所表演的那決定作用，我們是不能單用幾句話取消這一如斯廣泛通行的制度的。在美洲所公認的，那種制度，在亞洲人種全然不同的各民族中間也是有的，即在非洲和澳洲各處也往往以多少外觀改變的形態遇見，這種制度需要有歷史的說明；決不能用幾句話就可以了結它的，有如馬克楞南所企圖作的。父、子、兄弟、姊妹等稱謂，並不是尊敬的稱呼而已，它們還帶有完全確定的、異常鄭重的相互義務，這些義務底總和便構成這些民族底社會制度底本質上的一部分。而且，說明已經找着了。在散得維赤（Sandwich）諸島（夏威夷）上，在十九世紀上半期還存在着一種家族形態，在這種家族中也有父和母、兄弟和姊妹、子和女、叔父和叔母、姪子和姪女等稱謂，正和美洲古印第安人親族制度所有的一樣。然而，好希奇啊！在夏威夷諸島上所行的親族制度，却又跟該地事實上存在的家族形態是不相符合的。就是該地凡兄弟和姊妹底小孩，都毫無例外的看作兄弟姊妹，並且不僅看作自己母親及其姊妹或自己父親及其兄弟底共同的小孩、而且毫無差別地看作自己兩親底一切兄弟和姊妹底共同的小孩。因此美洲的親族制度，是以在美洲業已不存在的比較原始的家族形態為前提，此種原始家族形態，我們在夏

威夷諸島上尙可確實找到，但是別一方面，夏威夷的親族制度則指出了一種更加原始的家族形態，雖然，這一家族形態底存在，我們業已無地可作證明，不過它必定是曾經存在過的，因爲不是這樣的話，相應於此的親族制度也許不能發生了。『家族——摩爾根說——是個主動的原素；它從不是靜止的，而是隨着社會底由低級階段發展到高級階段，從更低的形態進到更高的形態的。反之，親族制度卻是被動的，僅僅經過長久的期間，它們才記錄下家族所演的進步，只有家族發生了急劇變化的時候，它們才遭受急劇的變化。』『同樣——馬克思補充說——一般政治的、法律的、宗教的、哲學的體系，也是如此。』當家族在繼續生存着的時候，而親族制度便硬化起來；當後者出於習慣而繼續存在着的時候，而家族便越過它的範圍了。屈維（Cuvior）根據巴黎附近所發見的動物骨骼底有袋骨片，推論出這種骨骼係屬於有袋動物，在該地昔日曾住過業已絕跡的有袋動物；我們以同樣的確實性，根據從歷史過去所傳下來的親族制度，也可以推論出適應於這個制度的業已絕跡的家族形態是存在過的。

剛剛講過的親族制度與家族形態，跟現在所盛行的親族制度和家族形態底區別，就在於每個孩子有數個父母。在美洲的親族制度（夏威夷的家族是跟它相適應的）裏面，兄弟和姊妹不能成爲同一孩子底父親與母親；反之，夏威夷的親族制度，卻以這爲原則的家族爲前提。在這裏我們可以看見許多家族形態，這些家族形態是跟迄今習慣上認爲唯一通行的形態正面抵觸的。傳統的概念僅知有一夫一妻制，與它並存的一夫多妻制，或者一妻多夫制，在這裏，正如道德化的庸人俗子所高興的，它把實踐祕密地但卻家常便飯似地對於官方社會所設的限界底違犯一事，却掩耳不聞。反之，原始歷史底研究，給我們指出了一種關係，在此種關係之下，男子過着多妻制生活而他們的妻同時也過着多夫制生活，所以兩者底小孩都被認爲大家所共有的兒子；這種關係，在其澈底轉向一夫一妻制以前又遭受了許多變化。這些變化是這樣的：被共同的婚姻的結子所包攬的範圍起初是很廣泛的，後來逐漸縮小直到最後僅留下今日所通行的對偶婚爲止。

摩爾根如斯追溯家族底歷史而與他的多數同伴一致得了一個結論，認爲曾存在過一種原始的狀態，那時一部落之內盛行毫無限制的性的關係，因之每個女性屬於每個男性，同樣每個男性也屬於每個女性。在十八世紀，就有人說過這種原始狀態，不過只是一般的人云亦云而已。惟巴苛芬是頭一個認眞處理這個問題之人，他在歷史的及宗教的傳說中找出了這種原始狀態底痕跡，這算是他的偉大功績之一。現在我們知道，他所尋出的這些痕跡，並沒有追溯到雜亂的性交底社會階段，而只是追溯到十分晚近的一個形態，即羣婚制。那個原始社會階段，即使確實存在過的話也是屬於非常遼遠的時代，在社會的化石中間即在落後的蒙昧人中間，殆難希望找出它在過去存在底直接證據。巴苛芬底功績便在於他把這問題放到研究工作底主要地位。(註)

(註)巴苛芬把這個原始狀態叫做雜婚（Heterism），這證明他很少瞭解他所發見或者正確些說他推測的是什麼。當使用這個名詞時，希臘人是把獨身男性或過一夫一妻生活的男子跟未嫁的女性底性的關係，叫做雜婚；而且總以一定的婚姻形態底存在爲前提而於這個形態之外有這種關係，至少已含有賣淫的可能性。這個名詞，在別種意味上是從不使用的，我與摩爾根都是在這種意味上使用它的。巴苛芬把自己的十二分重要的

種種發見處處被神祕的觀念弄的模糊起來，簡直令人難以相信他說歷史上發生的男女間的關係，其來源每次似乎都是人們底宗教概念而不是人們底現實生活底條件。

從不久以前起，否認人類底性生活底這一初期階段已成時髦。都欲使人類免去這一『恥辱』而且人們不僅援引某種直接證據底缺乏為藉口，而主要引用其他動物界的例子為藉口；在這一方面，列杜諾（婚姻及家族之進化）氏曾收集了好多事實，證明完全雜亂的性的關係是為這裏的低級發展階段所固有的。但是我從這些事實中只能得出這樣的結論，即牠們對於人及其史前的生活條件絕對無所證明。脊椎動物底長期的配偶共居，用生理的原因足以說明，例如在鳥類方面，可用這種情形說明，即當孵卵期間雌者需要扶助；但在鳥類方面所遇見的嚴格的一夫一妻制底實例，對於人類無所證明，因為人類並非起源於鳥類，要是嚴格的一夫一妻制算是各種美德底最高峯，那麼棕櫚之葉（勝利之象徵——譯者）應當屬於條蟲所有，此種條蟲在其五十至二百個關節或體節中，每個都有一套完全的雌雄生殖器，其終生即在每個體節中自行交接。要是我們只限於哺乳動物，那末我們在這裏可以找出一切性的生活底形態——有雜交者、有類似羣婚者、有多妻制、有一夫一妻制；所缺乏的只有多夫制，惟有人類才得實現這種多夫制的。甚至我們的近親——獮猴類，在雌雄底配合上也暴露了種種可能的差別；要是再以更狹小的範圍來說，而僅僅觀察四種類人猿，那麼在這裏列托諾只能這樣說了，即它們有一夫一妻制，也有一夫多妻制，但據吉羅·條龍說，沙雪爾（Saussure）却斷言他們是一夫一妻制的。最近惠特司馬克（人類婚姻史）關於類人猿一夫一妻制的主張也是不能夠作為證據的。要之，所有的材料，便是如此，可徵的列杜諾則承認：『可是，在哺乳動物中，在知力發展底程度與性的關係底形態之間，並沒有嚴格的適應』而厄斯皮那斯（動物底社會）更率直地說：『羣乃最高的社會集團，此種集團，我們在動物中是可以看到的，它似乎是由家族構成的，但是從最初起，家族與羣即處在敵對之中，它們是以反比例發展的。』

從上面所述的已經可以看出來，這是顯然的，我們關於類人猿底家族的及其他社會的集團，還沒有絲毫確定的知識；各種報告都是直接互相矛盾的。這原沒有什麼希奇。甚至我們關於蒙昧時代人類部落所有的報告，也是如何地矛盾，如何地需要批判的檢驗與選擇啊！而觀察猿猴社會比觀察人類社會，更其困難。因此，凡根據這樣絕對不可信託的報告而作的結論，目下我應加以駁斥。

反之，上面所引的厄斯皮那斯底指示，卻給了我們一個比較牢固的支點，高等動物底羣與家族，並不是互相補充，而是相互對立的。厄斯皮那斯說得很好，在交尾期內，雄性底嫉妒，是怎樣地削弱了羣中的任何社會聯繫，或暫時拆散了這一聯繫。『凡家族嚴密團結的地方，羣之組成祇是一種罕少的例外。……反之，凡盛行自由的性的關係或一夫多妻制的地方，羣是差不多自然而然地組成的，……為使羣能夠組成，家族的結子須要解鬆，個體須重新成為自由的。因此之故，我們在鳥類中就罕少見到有組織的羣……反之，我們在哺乳動物中，所以發見到幾分有組織的社會，正因為在這裏個體並沒有被家族所吞沒。……因之，羣的共同性底感覺在其發生時底大敵，莫過於家族共同性底感覺。我們率直地說吧：要是比家族更高級的社會形態能發展起來，那末這之所以能如此，只是由於它把家族溶化在自身之中，使家族遭受了澈底的變化，在這種情形之下，並不排斥，正因此之故，那些家族以後在無窮地更加優越的條件之下，找到了重新組織起來的可能性。』（厄斯毖那斯語，據吉雜·條隆婚姻與家族底起源一書所引。）

由此可見，動物社會雖對於人類社會底推論有若干的價值，不過僅是消極的性質罷了。高等脊椎動物，在我們所知道的範圍以內，只有兩種家族底形態：一夫多妻制和一夫一妻制；無論在那種情形之下，祇許有一個成年的雄者，只有一個丈夫。雄者底嫉妬，既可聯繫動物的家族，同時又可限制動物的家族，此種雄底嫉妒，把動物家族跟羣對立起來；羣乃羣居底最高形態，在一種場合之下，它成爲不可能，在別種場合之下，它又紊亂起來或不是變爲不可能，在交尾期間解體，即在最好的場合，因雄者底嫉妬而其進一步的發展要被阻止。單是這一事實，就足以證明動物家族與人類原始社會兩者是不一致的東西，原始人類自跳出動物狀態以後，或者全然不知道有家族，或者即使有家族，也不是在動物中所見到的那種家族，像剛成形的人類這樣無防衛能力的動物，在孤立條件之下——那時個別的配偶爲羣居底最高形態，據惠斯特馬克根據打獵民族底故事所提出的意見，大猩猩與黑猩猩的生活即是一夫一妻制——還只有少數才能突破此種環境。爲了在發展過程中脫離動物狀態，實現那只有在自然中所進行的偉大進步，還需要某種東西：要以羣底聯合力量與集體行動以補足個體力量對於自衛底不夠。過渡到人的狀態，是不能用今日類人猿所生活的那些條件去正面說明的；這種類人猿寧給我們一種離開正軌的傍系底印象，此種傍系注定了逐漸滅亡，至少也是傾向於衰落的。單此一點，已足以放棄它們家族形態與原始人類家族形態之間的一切並行說法了。成年雄者底相互忍耐，嫉妒底缺乏，乃是形成那樣大而牢固的集團底第一條件，只有在這種集團的環境中才能促成動物底轉變爲人類。在事實上，我們能找出些什麼可作爲其存在在歷史上可確切證明而在今日還可從某地加以研究的最古最原始的家族形態呢？那就是羣婚，就是這樣一種形態，在這種形態之下，整個一羣男性與整個一羣女性相互一羣屬於一羣所有，這種形態很少有嫉妒底餘地。其後，在更近的一個發展階段上，我們發見了一妻多夫制的例外形態，這一形態與一切嫉妒底感情，更加顯著地抵觸了，因而爲動物所沒有的。不過，我們所知道的一切羣婚形態，却都伴着十分特殊而複雜的條件，因之，須要指出比較早期比較簡單的性的關係形態，同時，歸根結抵，還須指出跟由動物轉向人類底過渡時期相適應的雜亂的性的關係時期；因此，動物婚姻底引證，要把我們拖回到那正要使我們永遠離開的一點了。

然則所謂『雜亂的性的關係』是什麼意思呢？這是說，現在或較早一點底禁例沒有效力罷了。我們已經述過，被嫉妒所規定的限制是怎樣崩潰了。要是能牢固確定有這種事情的話，那麼嫉妒當是較後發展起來的感覺。血族相姦（Incest）的觀念也可說是如此。不惟兄弟姊妹起初是夫婦，卽親子之間的性的關係在今日許多民族中也還是有的。班克洛夫特（北美太平洋沿岸土人）曾證明白令（Behring）海峽的加帷提（Kaviat）人，阿拉斯加（Alaska）附近的卡地亞克（Kadiak）人，英領北美洲內地的廷涅（Jinneh）人，都有這種關係底存在；列托諸也有蒐集斥北草（Chippeway）印第安人，智利庫庫（Coocoos）人，印度支那加勒皮人（Caribeans）及卡梭人（Karens）底同樣事實的報告；至於古代希臘人及羅馬人關於怕提亞人（Parthians）波斯人（Persians）西徐亞人（Scythians）匈奴人（Huns）等的故事更不必說了。在血族相姦尚未發見之前（這是一種發見，而且是有最高價值的發見，）親子之間的性的關係，並未引起比班輩不同的人們之間的一般性的關係更大的忌避；而後者即在今日最鄙俗之國也還是有的，沒有引起多大的厭惡；甚至年屆六十的老『姑娘，』要是她們十分富有的話，有時也可以嫁給一個三十歲的年青男性。倘若我們從我們所知道的最早的家族形態中除去與牠們有關係的血族通姦的觀念——這種觀念是跟我們所有是完全不同的，而且往往是跟牠們直接衝突的——那末我們就到達一種僅能叫做雜亂的性的關係形態了。這所謂雜亂是說後來由習慣所設立的制限而沒有存在之意。但是從此還並不是說雜亂的性的關係在日常實踐中是必要的。各個配偶底一時的混合並不是例外的，而且即在現在，這在多數場合之下，甚至在羣婚中也是常有的。惠斯特馬克是否認這種原始狀態的最近的一個人，要是他把兩性在未生孩子以前保持姘居的一切場合，都叫做婚姻，那麼這就等於說，這種婚姻即在雜亂的性的關係狀態之下，是完全可以有的，是跟雜亂狀態即跟習慣所造成的制限底缺乏，並不相抵觸的。是的，惠斯特馬克是以這樣的見解爲出發點，即：『性的關係底雜亂性含有對個人的嗜好的壓抑，』從而『賣淫是它的最純正的形態。』但在我看來，適爲相反，如果戴着妓院眼鏡去觀察原始條件，那時它們便不能有任何的理解了。我們在研究羣婚時，再來談這個問題吧。

照摩爾根的意見，從雜亂的性的關係底這種原始狀態中，很早就發展以下幾種家族形態：

一、血緣家族（The Consanguive Family）這是家族底第一階段。在這裏、結婚集團是按班輩而區分的：在家族的範圍內、所有祖父祖母都是互爲夫妻；他們的子女、即父母，也是如此；同樣，後者底子女，構成共同夫妻的第三個範圍。這批人的子女，即第一輩底曾孫們，又構成第四個範圍。這樣，在這一家族形態中，祇有祖先與子孫、雙親與子女之間，才排斥相互的夫婦的權利與義務（用現代的文字說。）兄弟與姊妹——同胞兄弟與姊妹、從兄弟與姊妹，再從兄弟與姊妹等，都是互爲兄弟與姊妹，正因此之故，也互爲夫妻。兄弟姊妹底血族關係，在家庭底這一階段上，當然包含着相互的性的關係在內。(註)類似家族底典型例子，則爲配偶底子孫，此種子孫每下一代都是在爲兄弟和姊妹，因之、也正是互爲夫妻。

(註)馬克思在一八八二年春季所寫的一封信中，以很嚴厲的語調，批評瓦格勒（Wagner）Nibelungen 歌詞中對於原始時代底完全的曲解。該歌詞中說道：『誰曾聽到過阿哥抱着妹妹做新娘?』這種瓦格勒的『色情之神，』完全以現代方法，用血族通姦底若干樂劇，使他們的『爭風』更加潑辣；馬克思給這種瓦格勒輩的『色情之神』答道：『在原始時代，姊妹曾是妻，這是合乎道德的。』（見第四版註解）瓦格勒底一位法國友人和他的崇拜者，不同意於這個註解，謂在冰洲遠古韻文集中，（瓦格勒即以此爲出發點，）在『厄革斯德列克』中，羅岐神（Loki——戲謔之神——譯者）就指責福蕾亞（Freya）女神道：『在神的面前，你擁抱着你自己的哥哥。』由此似乎得了個結論說，兄弟和姊妹間的結婚，即在那時候，就已經被禁止了。不過，『厄革斯德列克』乃是對古代神話，信仰已經澈底擊破的那一時代底表現；這是對於神底純粹香西亞（Lucia——古希臘諷刺作家）型的諷刺。要是羅岐當作麥菲斯托（Mephistodhele's——古時七大魔鬼之一——譯者）

覺鬼在該神話裏面對禍害亞女神這樣的非難，那麼這倒是反對瓦格勒的了。而且在後邊敘行詩中羅岐神向識術特神（Njorth）說道『你同你的妹妹生了（這樣的）一個兒子。』是的，識術特神不是亞薩（Asoph）神，而是發那（Vanir）神；他在永林底傳說中說兄弟與姊妹間的結婚，在發那國雖是很通行，但在亞薩族並不如此。這可以作爲發那是比亞薩還要更古的神之徵候。但無論如何，識術特神是生活在亞薩神中間，即生活在與他類似的神之中間。因此，『厄革斯德列克』實是一種證據，證明在挪威關於諸神傳說發生底時代，兄弟和姊妹間的結婚，至少在諸神之間，尚未引起絲毫的憤怒。要是爲辯護瓦格勒起見，與其引用冰洲遠古韻文集，倒不如引用哥德來得好。哥德在神與舞妓的敘事詩中關於宗教上婦人委身寺院的義務，也犯了同樣的錯誤，他過於把這種風俗習慣比作現代的賣淫了。

血緣家族已經絕迹了。甚至歷史所述說的最蒙昧的民族，也沒有可以作爲此種家族底例子。不過，夏威夷的親族制度，使我們不能不承認這種家族**大概**是存在過的，夏威夷的親族制度，今日在全部玻里內西亞還實行着，它表現着只有在這種家族形態之下才能發生的那種血緣親族底階段；同時，家族底以後的一切發展也使我們承認一點，因爲家族底以後的全部發展是以這一家族形態——必要的頭一階段——底存在爲前提的。

二、『**普那路亞**』**家族**（Punaluan Family）——要是家族組織上底頭一個進步，是在於除去親子相互的性的關係，那末第二個進步便在於除去姊妹和兄弟的性的關係，這一進步，由於參加者底年齡的更加相等，比第一個進步要重要得多，但也困難得多。這一進步是逐漸實現的，大概先由性的關係中除去同胞兄弟和姊妹（即母方的）開始的，起初是在個別場合之下，以後漸成爲慣例（在夏威夷諸島上在十九世紀尚有例外。）終於到了甚至禁止傍系間的結婚，用現代的稱謂說，即禁止同胞兄弟姊妹底子女、孫子、及曾孫間的結婚；照摩爾根說，這一進步可以作爲『自然淘汰原則是在怎樣發生作用底最好例解。』凡用這個進步辦法限制血緣相姦的部落，其發展一定要比那些依然把兄弟姊妹間的結婚當作慣例且爲習慣所要求的部落更加迅速，更加完全，這是毫無疑義的。這個進步底影響曾怎樣地强大，可由民族底設立來作證明；氏族曾是由這一進步底直接的結果而且遠遠地超出了最初的目的，它構成地球上縱非全部也是多數野蠻民族底社會秩序底基礎，而且在希臘及羅馬，我們曾由氏族直接進入文明時代。

每個原始家族，至遲經過數代之後一定都要分裂的。原始共產的共同經濟，在野蠻底中級階段上還毫無例外地盛行很久，此種共同經濟確定了家族集團底最大限度的規模，此種規模雖視條件而變更，但是對於每一特定地方總是多少限定了的。不過到同母所生的子女之間不許有性的關係的觀念一經發生，這一定要影響于人們在一起生活和共同謀生的舊村社底分裂與新村社底成立（這種村社不一定要與家族集團相一致的，）好多姊妹或者數個這種姊妹集團便成爲一村社底核心，而她們的同胞兄弟則成爲別一村社底核心。經過這樣或類似的途徑，便由血緣家族而發生了摩爾根名爲『普那路亞』的家族。按照夏威夷的習慣，若干數目的姊妹——同胞的或血統較遠的（從姊妹，再從姊妹等）——曾爲她們共同丈夫底共同之妻，而這些共同丈夫之中她們的兄弟是除外的。此等男子們彼此已不互稱爲兄弟，他們已經不須同爲兄弟了，而是『普那路亞』（Punalua），即親近的伴侶，所謂伴侶底一員了。同樣，許多兄弟——同胞的或遠房的——則跟若干數目的女性（只要不是自己的姊妹）構成共同的結婚，而且此等女性也互稱爲『普那路亞。』這是家族機構底古典的方式；此種機構以後雖有不少的改變，但它的主要特徵仍是一定的家族範圍內相互的共夫與共妻，不過在這個家族範圍以內是把妻底兄弟（起初是同胞的，以後更及於遠房的）乃至把夫底姊妹除外罷了。

我們看到，這個家族形態十二分精確地複製了表現於美洲制度的親族等級。我的母親底姊妹底子女，還是她的子女，同樣我的父親底兄弟底子女也還是他的子女，他們全體都是我的兄弟姊妹；但是我的母親底兄弟底子女，現在都是她的姪子和姪女，我的父親底姊妹底子女都是他們的姪子和姪女，而他們全體都是我的從兄弟與從姊妹了。事實上，當我的母親底姊妹底丈夫還是她的丈夫，同樣，我的父親底兄弟底妻還是他的妻的時候——即使在事實上不一定永遠如此，而在法律上總是如此——社會對於同胞兄弟姊妹間性的關係底非難，會使兄弟姊妹底子女（向來毫無差別地被承認爲兄弟姊妹）劃分爲兩類：一方相互之間依舊仍爲兄弟姊妹（遠房的）他方——或爲兄弟底子女或爲姊妹底子女——已經不得再爲兄弟姊妹，不復再有共同的父母了——無論是共同之父，或是共同之母，或是兩者兼而有之。因此，在這裏首次發生了姪子和姪女、從兄弟和從姊妹序列底必要，這種序列在從前的家族制度之下是沒有任何意義的。美洲的親族制度，在以某種一夫一妻制爲基礎的任何家族形態之下，是一種純粹的荒謬絕倫之事，現在它在『普那路亞』家族中，遂極小

的微細都獲得了合理的解釋與自然的根據。至少，『普那路亞』家族或類似于此的形態，也有美洲親族制度同樣流行的程度

倘若虔誠的教士，好像對於在美洲的西班牙僧侶底可貴的記憶一樣，能夠在類似的反基督教的關係中觀察出一種比簡單的『侵辱』更大的東西，那麼關於這一家族形態（其眞實的存在夏威夷羣島上業已證明）大概我們從全部玻里內西亞便可得到信息。(註)凱撒告訴我們，說當時處在野蠻中期的布立特人『每十人或十二人共有一妻，而且多是兄弟和兄弟及親和子，』這最好可用他們羣婚底存在來說明。野蠻時期底母親不常有十個至十二個足夠成年的兒子，這些成年兒子也許可以有共同的妻但是在美洲親族制度（它是跟『普那路亞』家族相適應的）之下，却常有好多兄弟，因爲每個男子底一切從兄弟及較遠的兄弟都是他的兄弟。所謂『親和子』或許是凱撒弄錯了；是的，在這個制度之下，父與子或母與女處在同一婚姻集團內底可能性，并不絕對排除，但是惟其如此，父與女或母與子處在同一婚姻集團內却是不得有的。同樣，這種或類似它的羣婚形態很容易說明希羅多德（Herodotus）及其他古代著作家關於蒙昧及野蠻民族共妻的敘述。這對於瓦特遜及卡耶（見印度底居民一書）關於奧士地方（Audh）（在恆河之北）底庫爾人（Tikurs）的報告，亦是如此，兩氏說道：『他們在大村社之內，差不多毫無差別地過着共同生活（卽在性的關係上）要是他們之間有二人被視爲夫妻，那末這個婚姻聯繫乃不過是名義上的』

（註）據巴苛芬的意見，雜亂的性的關係，是他發見的，他把這種性的關係叫做"Sumpfzeugung"，這種雜亂的性

的關係底遺跡，可歸於羣婚，今已確信無疑。『要是巴霍芬認爲這種「普那路亞」婚姻是「非法的」，那麼那一時代底人類也許要承認今日父系或母系方面的近親與遠親間的結婚多數爲血族通姦，正如血族的兄弟與姊妹間的結婚一樣』。（馬克思）。

氏族制度，在大多數場合之下，似乎是從『普那路亞』家族中發生的是的，澳大利亞人的階級制度（澳大利亞人是有氏族的，）也可以成爲氏族底出發點，但澳大利亞人還沒有『普那路亞』家族，而祗是一個更粗野的羣婚形態而已。

在一切集團的家族形態之下，誰是孩子底父親是不能確定的，但誰是他的母親却是知道的。即使母親把共同家族底一切子女都叫做自己的，而且對於他們都担負母親的義務，但她在其餘一切孩子中間仍能知道她自己的親生的子女。由此可知，要是存在着羣婚，那只有從母親方面來確定血統，因之祗有承認母系。在事實上，一切蒙昧民族及處在野蠻下期的一切民族，確是這種情形。巴霍芬底第二個大功績，就在於他首先發見了這一點。他把這種專由母系方面承認血統及隨着時代進展而由此發展起來的承繼關係叫做母權；爲了簡便起見，我仍保存下這一名稱；不過它是不成功的，因爲在社會發展底這一階段上，還談不到法律意味的權利的。

如果我們現在從『普那路亞』家族中取其兩大集團之一，即姊妹（同胞的及親族關係程度較遠的，亦即同胞姊妹所派生的第一、第二或更遠的後代）集團連她們的子女以及她們的兄弟（即母方同胞的及親族關係程度較遠的，照我們的推測，他們並不是她們的夫）在一起作爲標本；那麼擺在我們面前的正是後來構成原始形態的氏族的一羣人。她們全體共有一個共同的始祖母；因其同出生於一始祖母，故每一後代底女性子孫都是姊妹。但此等姊妹底夫，已經不能是她們的兄弟，因而也不能是由這個始祖母所生出者，從而也不屬於這個血緣集團——晚近的氏族了；然而她們的子女却屬於這個集團，因爲祇有唯一確實的母系方面的血統才演有決定的作用。只有對一切兄弟與姊妹間、甚至母方底最遠的傍系親族間的性的關係底禁止一經確定，上述的集團才轉化爲氏族了，換言之，即組成一個堅固確定的女系血族範圍，這些女系血族是不能通婚的，從這時起，這個氏族便漸漸地被其他共同的社會的和宗教的制度強固起來，而跟同一部落內底其他氏族有所區別了。關於這一點，容後再爲詳說。

不過我們既然看到氏族不僅是不可免的，而且是從『普那路亞』家族自然而然地發達起來的一種東西，那麼我們就應當承認在過去一切凡能發現氏族制度的民族，即差不多一切野蠻的及文化的民族，都有過這種家族形態底存在，這差不多是毫無疑義的了。

當摩爾根寫他的著作的時候，我們關於羣婚的知識還是非常貧乏的。關於組織成階級的澳大利亞人底羣婚，所知道的簡直極少；此外摩爾根已於一八七一年把他所得到的關於夏威夷『普那路亞』家族的材料，已經發表了。『普那路亞』家族，在一方面，對於美洲印第安人所盛行的親族制度（這一制度曾作了摩爾根底一切研究底出發點）曾予以完全的說明；在他方面，它便作了理解以母權爲基礎的氏族底現成的出發點；

最後，它本身是比澳大利亞階級更高的一個發展階段，因此很明白的，摩爾根把這個形態視爲對偶婚（Pairing Family）前必要的一個發展階段，並認爲它普遍流行於遠古。此後，我們知道了好多其他羣婚底形態，始知摩爾根在這一點上走的太遠了。不過，他的運氣很好，在其『普那路亞』家族中竟碰到了最高的古典的羣婚形態，亦即那可以最簡單明白地說明轉向更高形態的形態。

英國傳教士羅里麥·費遜（Lorimer Fison），把我們的關於羣婚的知識更加豐富起來，他曾在這種家族形態底古典的故鄉——澳大利亞把它研究過多年。他在南澳大利亞甘比亞（Gambier）山區域的澳洲黑人（Papuans）中曾發見了最低的發展階段，在這裏全部落曾分爲二大階級克洛基（Kroki）與庫米德（Kumite）。其中每個階級內部嚴格禁止性的關係；反之，一階級底每個男性生來就是別一階級底每個女性底丈夫，因之後者生來也是前者底妻。不是個別的個人，而是整個集團被認爲加入結婚，即階級對階級。應當指出的，就是在澳洲無論何處，不論年齡上的差別或親近的血族關係，都不能成爲性的關係底阻礙，惟兩個族外通婚的階級底區別所造成的限制爲例外。庫米德底每個女性，對任何克洛基男性都是他的當然的妻；但他的自己的女兒既然正如庫米德女性底女兒一樣，根據母權說也算爲庫米德，那末，因此之故她生來就是每個克洛基底妻，因之也就是自己的父親底妻。不論如何，就我們所知道的那種方式的階級組織，對於這一點是沒有設下障礙的。這樣，或者是這種組織曾產生於這個時期，即在想限制血族相姦的一切朦朧的志向之下，人們還沒有看到親子間的性的關係上有什末避忌的事情——在這種場合之下，階級制度當是從雜亂的性的關係狀態中直接發生的；或者是當階級發生時，親子間的性的關係，業已被習慣所禁止——在這種場合之下，今日的狀態指出那以前當有血緣家族的存在而且是克服它的第一步。恐怕後面的這一場合比較可靠。就我所知道的，澳大利亞親子間的性的關係底例子，曾沒有人引證過；而比較晚一點的族外通婚形態，基於母權的氏族，照例，也是以氏族發生時卽已有默然禁止這種性的關係的情事爲前提的。

這個分成兩大階級底限制不特見於南澳大利亞甘比亞山區域而且也見於偏東部的達林河(Darling)流域及東北部昆士士蘭(Queensland)，所以這個制度通行頗廣。它僅排除母方兄弟和姊妹間兄弟底子女與姊妹底子女間的結婚，因他們都是屬於同一階級之故；但姊妹底子女與兄弟底子女仍能相互結婚。更進一步對血緣相姦底禁止，見之於新南威爾斯(New South Wal s)達林河流域的卡米拉羅依(Kamitlaroi)人中間，在那裏兩個原始的階級，分裂爲四個，並且這四個階級之中是每一階級全體跟其他某一階級結婚。最初的兩個階級生來就是互爲夫婦；依着母親底屬於第一或第二階級，她的子女則屬於第三或第四階級；後面兩個階級又互相結婚，他們的子女則加入第一及第二階級。這樣，有一代總屬於第一及第二階級，他的下一代則屬於第三及第四階級，第三代又重新屬於第一及第二階級。與此相適應，兄弟和姊妹(在母方的)底子女不得爲夫妻，但是他們的孫子孫女卻可以爲夫妻。這一特別而複雜的制度，由於以後以母權爲基礎的氏族底嵌入，愈加混亂。不過在這裏我們對此不能加以評述。這樣，我們看到，阻止血族相姦的志向，一而再再而三地表現出來，然而這一志向只是本能地摸索着進行的，並無對目的底明確的意識。

羣婚本身在澳大利亞還是顯爲一種階級的結婚，卽往往分佈於全大陸的整個男子階級與同樣廣布的女子階級底羣衆的結婚。這種羣婚，加以詳細的觀察並沒有像俗人習慣於賣淫的幻想所描寫的那樣的可怖。反之，自開始猜測這種婚制的存在以來，已經有好多年了，並且不久以前，又復辯論過它一次。在皮相的觀察者看來，認爲它是一種不牢固的一夫一妻制，而在若干場合之下，且認爲是時之破壞貞操的一夫多妻制。要在這些婚姻關係（普通的歐洲人偏要在這些婚姻關係中看到一種跟他的故鄉所有者類似的東西）底實踐中要發見一種調節法則，卽這樣一種法則，就是異地的澳洲黑人，到離開本鄉數千公里之遠的地方，從說着他所不懂的言語的人們中間，往往從羣到羣，從部落到部落，給自己找尋既不反抗也不憤怒而甘願委身於他的女性，而有着幾個妻的人，願讓一妻給自己的客人去過夜，要發見這樣一種法則，如費遜和哈威特所作者，非費多年的工夫不可。在歐羅巴人視爲不道德與無法律的地方，事實上正行着一種嚴格的法則，此等女子屬於這位不速之客底通婚階級，因而她們生來就是他的妻；那把他們彼此結合起來的同一道德法則，用社會責難的威脅方法，却禁止相互所屬的通婚階級以外的任何性的關係。甚至把劫奪女性在許多地方往往當作通例的地方，關於階級的法則也要愼重地遵守的。

更就劫奪女子來說，向一夫一妻制過渡的徵候，至少在對偶婚的形態上已經表現出來：當一個青年男子，因友人底幫助而劫得或拐得一個姑娘時，他們便輪流地與她性交；但是後來，這個姑娘被認爲那發動劫婚的青年男子底妻。反之，要是被劫來的女子背棄了她的丈夫而逃，被別個男子所佔有，那麽她就成爲後者底妻，前者就喪失了他對她的權利，這樣與長久存在的羣婚並行且在其內部，便發生了一種特殊關係，即個別配偶多少長久的結合而與此並行更發生了一夫多妻制，於是在這裏羣婚便開始衰落了，問題只在於在歐羅巴人影響之下，首先沒落的是什末，是羣婚遵守它的澳洲黑人。

整個階級底通婚，如在澳大利亞所盛行的，不論如何其本身爲羣婚底極低下極原始的形態；而『普那路亞』家族就我們所知道的，乃是羣婚底最高發達階級。前者似乎是跟飄流的曚昧人底社會發展水準相適應的，後者已以比較牢固定居的共產村社爲前提，而直接走上了下一更高的發展階段在這兩種婚姻形態之間，不庸置疑的，我們還可發見許多中間階段；在這裏，目下擺在我們面前的還只是一個剛剛開闢而尚未措手的研究領域。

三、**對偶家族**(Pairing Family) 對偶婚底若干類似，在多少長久的一個時期，在羣婚上或者還在它以前，即已經有了。一個男性在許多妻中間，有一個正妻（還不能稱她爲愛妻）而他對於她也是在許多夫中間的一個主夫。這一情形大大地惑亂了教士們，她們有的把羣婚視爲一種雜亂的共妻，有的視爲一種對夫婦貞操底任意破壞。不過，這一基於習慣的對偶結合，因氏族底愈趨發達及因不許互相通婚的『兄弟』階級及『姊妹』階級人數底愈益加多，一定要逐漸鞏固起來的。弗由氏族所給與的對禁止血族間結婚底刺激更加向前發展了。比方，我們看到在易洛魁人及其他處在野蠻最低階段上的多數印第安人中間，凡他們親族制度內一切有血緣者之間是禁止結婚的，其種數且多至數百。在這種婚姻禁例日益增加的混亂情形之下，羣婚便逐漸成爲不可能的了，它們爲對偶家族所排擠了。在這一階段上，一個男性與一個妻生活着；不過，一夫多妻制和偶然的通姦，則成爲男性底權利，雖然由於經濟的原因，一夫多妻制是很少有的；同時，當同居期間大抵要求女性須嚴守貞操，要是有了通姦的情事，便要殘酷地處罰她們的。可是，婚姻的關係，是很容易由任何一方撕破的，像以前一樣，子女祇是屬於母親的。

在這種對血緣者間通婚底日益禁止上，天然淘汰也繼續在發生着效力。如摩爾根所說，『未構成一個血緣關係的各氏族成員間之婚姻，產生了在肉體上及精神上更強健的人種；兩種進步的部落混合以後，下一代底頭蓋與腦髓便自然而然地擴大起來，直到他們聯合了兩個部落底能力爲止』。這樣，實行氏族制度的部落一定要戰勝落後的部落，或者要引起他們來做效自己。

這樣看來，在原始時代，家族底發展就在於通婚範圍底逐漸縮小，這個範圍最初包括着全部落，在其內部實行兩性間的婚姻共有。由於一貫的排斥親族通婚——初爲近緣者、次爲遠緣者、最後以至姻戚者、一切種類的羣婚，歸根結柢，在事實上便成爲不可能的事，結果，只剩下了一種還不大牢固結合的婚姻對偶，只剩下了那一解體就無所謂婚姻的原子。從這一點上已經可以看出，近代所謂個人的性愛與一夫一妻制底發生是如何地很少關係了。倘處在這一階段上的各民族底實踐，更證明了這一點。在以前的家族形態之下，男性從不苦於女性之不足，反之，女性寧是太足夠了；但如今女性卻稀少起來，而不得不去尋求她們了。所以，自對偶婚發生底時候起，便出現了刼奪及購買女性的事情，這遂作了當時所發生的深刻轉變底廣泛流行的徵兆——不過只是徵兆而已；——但是一知半解的蘇格蘭人麥克·林南竟根據這些只屬於求妻方法以內的徵兆，虛構了幾種特殊的家族——『掠奪婚姻』與『賣買婚姻』。在其他場合之下，美洲印第安人及其他部落（在同一發展階段上的）底婚約，並不是當事人本人來作的——往往是不問他們的——而是由他們的母親來主持的。這樣，往往兩個彼此全不相識的人，被訂了婚約，僅到婚期逼近時，才告訴他們訂婚之事。在婚禮之前，新郎送禮物給新娘底親族（即新娘的母方親族，不是她的父親和他的親族；）這種禮物算是讓渡女兒的贈金。依夫婦之中每一方的志願，婚姻可以解除，但是在許多部落中間，例如易洛魁人，輿論逐漸表示反對這種離異，當夫婦之間發生反目時，雙方底同族便出而作調解者，只有在調解不成功時，便實行離婚，在這種情形之下，子女歸妻撫養，以後雙方均可重新結婚。

這種對偶家族本身還很微弱、還很不牢固，不能引起自身的家庭經濟底要求或單是樹立家庭生活底願望，故牠決沒有取消從最初一時期所傳下來的共產主義的家庭經濟。不過共產主義的家庭經濟還表示着女性在一家內底支配，因爲只能認知親母而不能確認親父的情形，還表示着對女性即母底尊崇。說似乎在社會發展初期女性曾爲男性奴婢的意見，乃是我們從十八世紀啟蒙時代所繼承下來的最荒謬的觀念之一。在一切曚昧人及處在野蠻最低階段、中級階段乃至部分地最高階段的一切野蠻部落中間，女性不僅享有自由，而且居於大受尊敬的地位。這一地位在對偶婚之下尙屬何種情形，可由在塞奈卡部落底易洛魁人間傳道多年的教士奧沙·來特（Authur Wright）來作證明。他說道：『講到他們的家族，那當他們還住在老式長屋（數個家族底共產主義的經濟）中的時候：……那裏總是一個氏族（Clan）佔着支配地位，從而女性是從別個氏族中擇取她們的丈夫的。……普通是女性方面支配一家，貯藏品爲大家所共有；但是那過於怠惰或過於笨拙而不能給公共貯藏品中加添自己一份的不幸的丈夫或情人就要大吃苦頭了。不管他家裏的子女有多少或屬於他的財產有多少，他須隨時聽候命令，收拾行李準備滾蛋。甚至他不敢有任何反抗的企圖；家對他已經變成了地獄，除了回到自己的本氏族，或在別個氏族內重新結婚（在多數場合之下，便是如此）以外，他再也沒有別的出路了。女性在氏族（Clan）裏面，乃至在任何地方，都是一個大力量，有時她們可以更換一個酋長，把他降爲普通的平民。』

在共產主義的家庭經濟之下，大部分或全體女性是屬於同一氏族，而男性則屬於各種不同的氏族，此種共產主義的家庭經濟實爲在原始時代普遍通行的女性支配底眞實基礎，這一女性支配底發見，乃是巴哥芬底第三個功績。爲補充起見，我還要指出：遊歷者及敎士們關於曚昧民族及野蠻民族女性都担負過渡工作的報告，與上面所說的一點也不衝突。兩性間的分工，並不是由女性在社會上的地位，而是由全然不同的原因所使然的。凡使女性操作要作比我們所想像者更多的民族，對於女性的眞正尊敬，實比我們歐羅巴人來得厲害。在文明時代，人們雖對太太小姐們予以外表的尊敬，使她們跟一切實際的勞動隔離，但是文明時代底太太小姐們比起辛苦勞動的野蠻時代的女性來，實處於無限低下的社會地位中；後者在本民族中被視爲眞正的貴婦人（Frowa, Lady, Mistress）而就她們地位底性質說來，也確是如此。

對於尚處在曚昧最高階段的西北諸民族特別是南美諸民族作一更精密的研究便可解決現在美洲的羣婚是否爲對偶婚所完全排斥這一問題，關於後者流傳着好多不同的性交不受拘束的事例，說在這裏殊難認定舊時羣婚業已完全克服。不論如何，牠的一切痕跡尚未消滅，至少在北美的四十個部落中，與長姊結婚的男性有權把她的達到確定年齡的一切姊妹娶爲妻——這是姊妹全體共有丈夫底遺風。據班克洛夫說加里福尼亞半島的居民（蒙昧最高階段）還有一種節日，在這個節日，幾個『部落』集合在一起，以便舉行雜亂的性交。顯然的，這是幾個氏族，他們關於從前一氏族底女性以別一氏族底全體男性爲她們共同的夫，反之，一氏族底男性以別一氏族底全體女性爲他們的共同的妻的時代在這些節日還保存着一點朦朧的記憶。這種習慣在澳大利亞還在盛行着。在有幾種民族中，比較年長的男性，酋長及魔術師爲了自己的利益，利用共妻，且獨占多數女性以利己，不過惟其如此，他們在一定節日及民衆大集會期間必須允許以前有過的女性共有制，讓自己的妻去和年輕人尋樂。惠斯特馬克在他的人類婚姻史一書二八——二九頁，從印度和人（Hos）、散塔爾人（Santals）、判查人（Punjas）及科塔爾人（Kotars）諸部落，幾種非洲民族，及其他民族曾引舉了這種定期的沙特恩節（Saturn——其時在一個短期間重新恢復舊時的自由的性交）底好多例子。惠斯特馬克很妙地由此得了一個結論說這並不是羣婚（他不承認有羣婚）底殘餘，而是原始人與他種動物所共有的交尾期底殘餘。

在這裏我們又說到了巴苛芬底第四個偉大的發見：廣大流行的由羣婚到對偶婚底過渡形態底發見。巴苛芬所描寫成對違反古代神戒底贖罪，即女性用以買得貞操權利底贖罪，此事在事實上不過是一種贖身底神祕表現，女性用此種贖身方法把自己從存在於古代的共夫制之下贖出來而獲得只委身於一個男性的權利。這種贖身方法，即在於臨時的委身於人：巴比崙的女子每年須有一次在邁立泰（Mylitta）廟裏獻身於男性；近東底其他各民族在他們的女兒取得結婚的權利以前，須把她們送到安那吉司（Anaitis）廟住好幾年，在那裏她們須與自己的意中人進行自由戀愛；穿上宗教外衣的類似的風俗，差不多在地中海與恆河之間的一切亞細亞民族中間，都可遇到的。當作贖身的贖罪捐獻，有如巴苛芬所說的，跟着時代的發展愈益容易起來：『年年重復的捐獻，改爲一生一度的犧牲；出嫁的婦人底雜婚制變爲少女底雜婚制；從前在結婚期間實行雜交，現在變爲在結婚之前舉行；從前不加分辨，須委身於任何人，現在變爲只委身於一定的人。』（母權論序文十九頁）在其他民族中間，連這種宗教的外衣都沒有的，在有些民族中——例如古代的色雷斯人（Thracians）、克勒特人（Celts）等；印度底許多原始住民；馬來的諸民族；太平洋好多島嶼的土人，以及今日的好多美洲印第安人——少女在出嫁以前，享有極大的性的自由。特別在南美洲，差不多到處都是如此，凡到過該大陸內地的人，都可證實。比方阿伽西（見巴西旅行記——Agassig, A Journey in Brazil, Boston and New-york, 1886, P. 266），關於印第安人出身的一個富有家庭敘述如下。當他和該家的女兒認識時，問及她的父親，以爲這是指她的母親之夫（這個時候，他充任軍官，前往參與對巴拉圭的戰爭）而言，但是母親微笑答道：“Nao tempai, he Filha da Fortuna.”（她是沒有父親的，她是一個偶然生的女兒。）『印第安人的婦女或混血種的婦女，都總是這樣地毫不害地和不客氣地說到她們的婚姻外所生的子女；這並不是例外，就外表看來，成爲例外的，寧是相反的情形了。孩子們往往只知道母親，因爲一切的養育與責任都是由她担負的，他們絲毫不知有父親，甚至作妻的，似乎從來也沒有想到她或她的子女，對他有什麼要求。』那在這裏文明人看來好像是奇異的事情，依照母權制及在羣婚制存在之下却不過是通例而已。

在其他民族中間，新郎底朋友和親戚或參加婚禮的來客，在舉行婚禮時期，對於新娘都可以提出從古代遺傳下來的權利，並且新郎按次序成爲最後的一個，在巴利阿利諸島（Ba eares）上及非洲的奧及婁人(Augilers)在古時都是如此；而阿比西尼亞(Abyssinia)的巴雷人（Bareas），卽在今日，還是如此。在其他各民族中間，一個有公職的人，部落或氏族底領導者，酋長，黃敎僧(Shamane)，僧侶，王公或不論其官銜如何，都可以代表村社，行使對於新娘的初夜權。與新浪漫主義的粉飾這一事實的一切努力相反；這種初夜權（Jus primae nasties）雖至今日，還當作羣婚的殘餘，仍存在於阿拉斯加大部分土人，北部墨西哥達胡人（Tahus）及其他民族中間；例如在亞拉貢，它存在於整個中世紀——至少它存在於卽最初曾爲克勒特（Celts）人的諸國，在這些地方，它是直接由羣婚遺傳下來的。在加斯底利亞（Castilia）農民從沒有做過農奴；但在阿拉貢，却盛行過極醜惡的農奴制，一直到一四八六年天主敎王斐狄南（Ferdinand）的命令才告廢止。在這個命令中說道：『我們判决並宣告上述領主們（Senyors 男爵等）……當農人娶妻時，並不得與新娘同睡第一夜，也不得在結婚之夜，當新娘已就床時，跨越該床及所說的女子，當作自己統治底表徵。上述領主們對於農人底女兒或兒子，無論付代價與否都不得違反他們的意志去使用他們。』（據蘇根海姆農奴法一書所載加黍隆原文。）

其次，巴哥芬堅決地主張由他叫做『雜婚制』(Haetarism)或 Jncestuous Generation 的轉向一夫一妻制，主要是由於女子完成的，這是非常正確的。隨着經濟生活條件底發展，從而隨着原始共產主義底解體與人口密度底增大，由古代遺傳下來的兩性間的關係愈加失去它們的素朴的原始的性質，它們要使女子也愈益感受屈辱與壓迫；從而，婦女獲得貞操、獲得暫時或永久祇與一個男子結婚以求解放的要求，也愈益迫切。這種進步是不能發生於男性方面的，因爲一般說來，男性從不想，甚至直到今日也不會想放棄事實上的羣婚底便利的。只有在婦女實現了改行對偶婚以後，男子才能實行嚴格的一夫一妻制——自然，這只是對婦女而言的。

對偶家族發生於蒙昧與野蠻之間的境界上，大半是在蒙昧底最高階段上，在個別場合之下只是在野蠻底最低階段上。這是野蠻時代所特有的家族形態，正如羣婚之於蒙昧時代，一夫一妻制之於文明時代一樣。要使對偶家族進一步發展而成爲牢固的一夫一妻制，除了上述諸種原因以外，還需要別的原因。在對偶家族中，集團已經減縮到它的最後的單位，它的由兩個原子而成的分子，即一個男性與一個女性。自然淘汰經過繼續推行的婚姻限制辦法而完成了自己的使命；在這一方面，它再也沒有待做的事了。因之，要是不要新的社會動力開始起作用的話，那便沒有從對偶婚中藉以再發生新的家族形態之原因了。但是這種動力畢竟出現了，尙且起作用了。

我們現在丟開美洲這個對偶家族底古典的根據地吧。說在美洲曾發展了較高的家族形態，在發見及征服以前，這裏曾存在過什末牢固的一夫一妻制令人可以得出這樣結論的徵兆是沒有的。在舊世界上，則是另一回事。

在舊世界上家畜底馴養與畜羣底繁殖，曾創造了那以前所未有過的財富源泉，並產生了全新的社會關係。直到野蠻時代底最低階段，經常的財富差不多只是住屋、衣服、粗糙的裝飾品以及獲得和調理食物底工具：最簡單的獨木舟、武器、家具而已。食物要天天重新獲得的。現在日益發展的遊牧民族——住在印度五條河和恆河流域以及那時比今日更富於水利的亞姆河及錫爾河流域草原的雅利安人（Aryans），住在幼發拉底及底格里斯流域的塞姆人（Semites）——已經有了馬、駱駝、驢、牛、羊、山羊及猪等畜羣，這種財產祇須加以看管和最原始的照顧，就可以大量大量地繁殖起來，而供給最充裕的乳肉食物。以前一切獲得食物的方法，如今都不重要了。從前曾成爲必需的打獵，如今成爲一種奢侈品了。

但是這新的財富歸誰所有呢無疑地，最初是屬於氏族所有的。然畜羣的私有財產一定早已發展起來了。所謂摩西頭一本書底著者眼中的亞伯拉罕（Father Abraham）族長成爲他的畜羣佔有者，究竟是由於他一大家族酋長的本人的權利，還是由於他的事實上世襲的一氏族之長的地位，那很難說的。毫不容置疑的只是我們不應當把他想像爲現代所謂的私有產者。更有一點，即在成文歷史底最初，我們到處都可以看到一家之長單獨握有的畜羣，正和野蠻時代底工藝製造品，如金屬器、奢侈品乃至人畜——奴隸一樣。這也是毫無疑義的。

因爲這時奴隸制度也已經發明了。在野蠻底最低階段上，奴隸是無用的。所以，美洲印第安人處置戰敗的敵人底方法，與在較高的階段上處置戰敗的敵人之方法，全然不同。他們殺死男子或者當作兄弟收入勝利者的部落以內；他們把婦女作爲妻，或者換一句話說，跟她們的殘存的子女在一起把她們收容在本部落底成員數目以內。在這個階段上，人類底勞動力還不能產生超出維持它的費用底顯著的餘額，隨着牧畜業、冶金術、紡織、乃至耕地方法底採用，形勢也就變化了。正如以前容易到手的妻，現在成了一種交換價值和購買對象一樣，勞動力也是如此，特別是在畜羣完全成爲家族底所有物以後。家族的增長，並不像牲畜那樣的迅速，現在照料畜羣、須要有更多的人；爲了這一目的，便可以利用俘虜的敵人了，何況此種敵人像家畜那樣，可以增殖呢。

這種財富底變爲個別家族底私有及其迅速的增加，就給了以對偶婚及母權制爲基礎的社會以猛烈的打擊。對偶婚給家族添加了一種新的原素。與親生的母並存的，它又確立了一個確實的親生的父，而且這個親生的父也許甚至比別的比現代的『父』來得更確實些。依照那時所存在的家族內的分業，丈夫底責任是獲得食物及爲了這所必要的勞動工具，因之，他也得了勞動工具底私有權；在離婚場合之下，他就攜去了這些勞動工具，而將妻的家具留給她。所以，由於當時社會底習慣，丈夫也是新的食物來源——家畜，乃至後來新的勞動工具——奴隸底所有者。但照同一社會底習慣，他的子女卻不能繼承他的財產，因爲關於繼承一事，則有如下的情形。

根據母權制，因之即到血統單照母系計算的時期爲止，並依照最初的繼承辦法，氏族底一成員死掉以後是由他的同族人繼承的。財產必須留在氏族以內。因爲構成財產的物品數量並不多，所以在實踐上，它大概總是落在最親近的同族人的手裏了，因之，亦即落在母方的血緣者的手裏了。但是死亡的男子底子女，並不屬於他的氏族，而是屬於他們的母親底氏族；他們最初是跟母親的其餘的血緣者同繼承母親，到後來有可能是最先繼承母親了；不過，他們是不能繼承自己的父親的，因爲他們不屬於父的氏族所有，父的財產仍須留在他自己的氏族以內的。這樣，在畜羣底所有者死亡以後，他的畜羣，首先應歸於他的兄弟姊妹及他的姊妹底子女、或者他的母親底姊妹底子孫所有。他自己的子女是沒有繼承權的了。

這樣，隨着財富底增加，她們一方面給了丈夫在家族中以比妻更有權勢的地位；別一方面，她們又產生了利用這個强固地位，爲了他的子女的利益，以改變普通的繼承辦法的慾望。不過，當血統按母權制確定的時候，這是不能成功的。因此非先把母權制廢止不可，而它也畢竟廢止了。這並不像我們今日所想像的那樣困難，因爲這一革命，雖爲人類所經歷過的最急進的革命之一，但並不須侵害到氏族中的任何一個活着的成員。它的全體成員，仍能與以前一樣。只要有一個簡單的決定，說從今以後，氏族底男性成員底子女應留在本氏族以內，而婦女底子女應該除外而轉屬於他們的父親底氏族以內，就行了。這樣以來，遂廢止了按照女系確定血統及依母權制繼承的辦法，而採取了血統底按男系確定及按父親的繼承權。至於這一革命在文化民族中間是怎樣和在何時發生的，我們是毫無所知的，它是完全屬於先史時代的，不過這一革命曾經是有過的，這由巴哥芬所搜集的母權制底許多殘餘可作充分地證明；它之會如何容易完成，可從許多印第安部落中看出來，在那裏，半由於財富日益增長與生活樣式改變（從森林移住草原）底影響，半由於文明及傳教士底道德的感化，這一革命不久以前方才發生，或者尚在進行着。密蘇里（Missouri）流域八個部落中，有六個是按父系確定血統及繼承權的，祇有兩個還是依照女系的。在紹泥人(Shawnes)、邁安祕人(Mianri)、及德拉瓦人(Delaware)諸部落中，已有一種習慣，將子女用父的氏族底氏族名字之一給小孩取名字，用這種方法把他們編入在父的氏族以內，以便使他們繼承自己的父親。『人類的天賦的決疑法是更改名稱，以改變事物，並找出一個間隙，以便在傳統底範圍以內打破傳統，其時直接的利益便對於這作了充分的鼓舞』（馬克思語）因此之故，而發生了無可希望的混淆，這種混淆本是可以剷除的，而且事實上有一部份已因向父權制的過渡而剷除了。『大體說來，這一轉變是自然而然的』（馬克思）至於比較法學專家關於這一轉變如何在舊世界底各文化民族中間曾經是如何完成的一點可以告訴我們的——當然差不多祇是一種假說而已——可參閱科瓦勒夫斯基的家族及財產之起源與發展概論（M. Kovalevsky, Fableau des oringies ef de L'evolution de la Familie et de propriete, Stockholm, 1890.）一書。

母權制底顛覆，乃是女性底全世界歷史的失敗。丈夫掌握了家中的管理權，而婦女失掉了她的榮譽的地位，變爲僕役、丈夫淫慾的奴婢及生兒育女底簡單的工具了。婦女底這種卑下地位，如在英雄時代——尤其古典時代底希臘人中間所特別暴露的一樣逐漸被僞善地粉飾起來有的地方披以更緩和的形態，但是並沒有剷除的。

如此確立的男性獨裁制底第一個結果，便表現於現在發生的家長制家族(Patriarchal Family)底中間形態。這一形態，主要地並不是表示一夫多妻制（關於這一點後邊再講，）而是表示把『若干數目的自由人及非自由人組織起來而成爲一個父權的家長權力的家族。在塞姆人中，這個一家之長是過着一夫多妻制的生活，非自由人也有妻和子，而整個組織底目的是在於在一定地域範圍以內照管畜羣。』其特質是非自由人底包括在家族以內和父權；所以這種家族形態底完善的型式則是羅馬的家族。家族（Familia）這一詞，起初並不是表示現代庸人俗子底那由感傷性(Sentimentality)與家庭不睦所組成的理想，它在羅馬人中間，當初甚至對夫妻及其女子都不相關，祇是應用於奴隸罷了。Famulus 是家庭奴隸的意思，而 Familia 則是屬於一個人所有的全體奴隸。在給雅斯(Gajus)時代，『家族是一種世襲遺產』(Familia id est patrimonium)，還是照遺囑傳授的。這一用語係由羅馬人所發明，用以表示一種新的社會組織，此種組織底首長，則爲妻子、及若干奴隸底支配者，由於羅馬人的有着父親的權力，他對他們操生殺之權。『這樣這一用語並不比拉丁部落底穿着鐵甲的家族制度來得早，此種家族制度是在採用耕地辦法及奴隸制度合法化與夫雅利安人的意大利人跟希臘人分離之後發生的。』馬克思對這一點補充道：『現代的家族，在萌芽時，不惟包含着奴隸制(Servius)，而且也包含着農奴制，它因爲從最初起，它就是對農業的服役有關係的。它在縮影中便包含了

61　　第二章　家　族

一切的對立，這些對立以後在社會及由社會所發生的國家中廣泛地發展起來。」

這種家族形態表示從對偶婚底轉到一夫一妻制。爲了保證妻底貞操以及子女來自一定的父親底血統，妻便落在丈夫底絕對的權力之下了；要他打死了她那不過是他行使他的權力罷了。

自有了家長制的家族，我們才進入於成文歷史底領域，同時也進入於那比較法學能給我們以巨大援助的領域。而且事實上它在這裏引起了向前進的一大步。馬·科瓦列夫斯基（見家族和私有產底起源與發展論一八九〇年在斯托奇爾姆出版六〇——一〇〇頁）證明，今日我們在塞爾維亞人(Servians)及保加利亞人(Bulgarian)中間，在Zadruge（友誼）與Bratstuo（同胞）名義之下，以及在東方諸民族中間，在外觀改變的形態之下，還可見到的那種家長制的大家族，乃是由發生自羣婚而基於母權的家族，進到現代世界底個體家族底一個過渡階段，這是馬·科瓦列夫斯基底一個功績，至少就舊世界底開化民族就雅利安人及塞姆人說，這是言之有理的。

南斯拉夫的大家族是這種家族公社底最好的活的標本。它包括着一父所生的數代後裔以及他們的妻室，並且他們全體都住在一所住宅裏面，共同耕種自己的田地，食穿都用共同的儲藏品，共同佔有收入底盈餘。公社受家長(Domanern)管理，家長對外界代表公社，有權讓渡小物品，掌管出納，並對出納及家務底正確進行負責。他是由大家推選的，不一定是最年長者。婦女與她們的工作是受主婦(Domacica)底指揮，主婦通常是家長之妻。主婦在對公社中姑娘擇婿時，也起有重要的往往是決定的作用。不過公社底最高權力，則集中於全家會議，全體成年男女的集會。家長向這個集會作報告，集會通過最後的決定，使對裁判人，議決關於土地等等比較重大的買賣。

證明在年前的俄羅斯也有這種大家族公社底存在；現在一般都承認，像鄉村公社一樣，它們在俄國人的民間習慣上也有同樣深遠的根源。它們在俄羅斯最古的法典——即亞羅斯拉夫(Jaroslav)底眞理中即已曾提到其名稱(Vervj)，與在達爾馬提亞(Dalmatian)的法典中所用的相同；它們在波蘭人及捷克人的史料中也可以找出來。

根據海斯勒(見日耳曼人法權底制度)的意見，在日耳曼人中間，起初作為經濟單位的不是現代所說的個別家族，而是由幾個世代或由許多個別家族，構成的大家族，此種大家族更其往往包括着非自由人。羅馬的家族也可以歸在這種型式以內，與此相適應，近來人們對於家長底絕對權力以及其餘家庭人員對他之無權無利大加懷疑。類似的家族公社，似乎在愛爾蘭的克勒特(Celts)人中間也曾存在過。在法國，這種家族公社在"Paroonneries"名義之下，於大革命前在泥味內(Nivernais)地方也保持着；而在法蘭斯孔德(Franche Comte)，雖在今日也還沒有完全消滅。在路安(Louhans，即 Saone et Loire)地方，還可以見到巨大的農家，有公用的屋頂最高的中廳，四周是臥室，用六級至八級的梯子登入，在這裏住着同一家族底好幾代。

在印度，實行共同耕地的大家族，在亞力山大大王時代即由泥阿卡斯(Nearchus)提及過，迄至今日，尚在同一地方，即在旁遮普(Panjab)及該國整個西北部還在存在着。在高加索，科瓦列夫斯基自己也證明了此種大家族底存在。在阿爾及利亞（Algeria），它還存在在卡巴爾（Kabyles）人中間。即在美洲，似乎也曾經有過它古墨西哥圖里塔（Zurita）所記述的『卡爾帕里』"Calpullis"即是大家族制度。反之庫諾（見海外雜誌 Ausland 1898. No, 42—44）曾經十二分明晰地證明，在祕魯在其征服時代，還有一種村落共產制度之類的東西（而且很值得注意的此種村落共產制也叫做 Marca），實行耕地底定期的分配以及個別的耕作。

無論如何，實行土地社有及共同耕作的家長制的大家族，其現在所有的意義，已不是以前所有者。我們對於它在舊世界底諸開化民族及其他若干民族中間，於母權制家族與個體家族之間的一時期所起的重要作用，早已不能有所懷疑了。到了後面，我們還要說到科瓦列夫斯基所作的進一步的結論，即家長制的大家族也是一個過渡階段，實行個別耕作以及起初定期分配耕地和草地乃至最後永遠分配耕地和草地的村落公社或馬克（Mark）公社，就是這種過渡階段發展起來的。

說到這種大家族內部底家庭生活，應當注意的，即至少在俄羅斯，人人都知道，家長對於公社底年輕婦女，特別是對他的媳婦（daughters-in-law）常常濫用他的地位，往往把她們作了後房（Harem）；俄羅斯的民歌對於這點有着很好的描寫。

在說到因母權制底顛覆而急速發展起來的一夫一妻制之前，我們再就一夫一妻制與一妻多夫制說幾句話。這兩種婚姻形態除牠們在某一地域內相互並行（這顯然是不常見的）的場合以外，只能算是例外，即所謂歷史的奢侈品而已。因之由一夫多妻制所排除的男子，既不能向因一妻多夫制而成爲餘的婦女求得安慰，而且男女底數目，與社會的制度無關，在以前差不多是相等的，所以，不論一夫多妻制或一妻多夫制的婚姻形態都是不能成爲公認的形態。事實上，一夫多妻制顯然是奴隸制度底結果，而且只有爲佔有特殊地位的個別人物所能辦到。在塞姆人的家長制家族中，只有家長本人過着一夫多妻制的生活，至多也不過他的兒子當中的若干人，其餘諸人都是以一妻爲滿足了。在整個東方，卽在今日，也是如此；一夫多妻制乃是富者及顯宦底特權，妻妾主要用購買奴婢的方法以獲得的；民衆則是過這一夫一妻制的生活。印度及西藏的一妻多夫制也同樣是個例外；它之由羣婚而來的不無興味的起源，尚需要加以更詳密的研究。然在實踐上，一妻多夫制似乎比回教徒底富於嫉妒的後房制度（Harem）要來得更容忍些。比如在印度的奈爾人（Nairi）中間，至少每三四個或更多的男子共有一個妻，但是他們每人除此以外，還可以和別的三數個男子共有第二個妻，乃至第三個第四個妻……奇怪的是，麥克·林南在敍述這種婚姻俱樂部，（其人員同時可以加入幾個俱樂部，）竟未發見『同樂婚姻』（Clubmarriage）這個新的範疇。不過這個婚姻俱樂部底習慣，決不是眞正的一妻多夫制；却正相反，像吉羅·條隆所指出的，這只是羣婚底一種特殊的形態罷了；卽男子過着一夫多妻制生活，女子過着一妻多夫制生活。

四、一夫一妻制的家族（The Monoganous Family）——如上所述，它是在野蠻中期與上期的交界上由對偶家族發生的；它的最後的勝利乃是文明開始底標識之一。它是建立在丈夫底支配權之上，這種支配權的明確表現底目的便是在生育無可置疑的父系的子女。這種血統底不可爭辯性是必要的，因爲子女以直接繼承著底資格，將來定要繼承他們的父親底財產的。一夫一妻制家族與對偶家族差異的地方，就在於婚姻的約束更來得堅固持久，此種關係已不能由某方任意解除了。這時通例已是只有男子可以解除婚約離棄他的妻。男子的通姦權，這時至少已爲習慣所保證（拿破崙法典曾確定地給丈夫以這種權利，祇要他不帶情人到家中來，）而且隨着社會的進一步的發展，這種權利也愈行得廣；如果妻記起了從前的性的實踐而想恢復牠時，那末她就要受到前所未曾有過的嚴酷的刑罰。

如此嚴峻的新的家族形態，是在希臘人中間可以看到的。比如，據馬克思底指示，神話上的女神底地位，就給我們描述了一個更早的時期，那時女子還享有比較自由與受尊敬的地位，但當英雄時代，我們便見到婦女已因男底支配與奴婢底競爭而處於壓抑地位了。從奧德賽（Odysseia）中，就可以讀到忒楞馬卡斯（Telemachos）是如何的叱責他的母親迫使她緘默了。據荷馬講，被擒的年輕婦女都作了勝利者底肉慾底犧牲品：首領們依照次序並按照他們地位選擇其中的最美麗者；大家都曉得，全部易利亞德（Iliad）便是以阿溪里（Acallfes）與阿加綿農（Agamemnon）二人爭奪這種女奴隸的糾紛做中心的。在荷馬的每個稍微重要一點的英雄中，都講到一個他與之『共枕席』的俘獲的少女。此等少女也有被帶回故鄉及他家中去的，例如在伊士奇洛斯（Aeschylos）中阿加綿農與喀薩德賴（Kassandra）的行爲，就是如此；與此等女奴隸所生的子女，可獲得父親的遺產底一小部分，並被認爲自由公民；推喀綸斯（Teukres）便是鐵拉蒙底這樣的一個私生子，得按父親而給自己取名字。對合法的妻底要求，須要她容忍這一切，嚴格遵守貞操與夫妻的忠誠。雖然，英雄時代底希臘婦女，要比文明時代底婦女，更受尊敬，惟歸根結柢，她對於男性仍不過是他的嫡子之母，他的主要的管家婆和女奴隸底總管而已，他把這種女奴隸隨意可作爲妾，而事實上也是把她作爲他的妾的。奴隸制與一夫一妻制底並存，受男性完全支配的年輕美貌的女奴隸底存在，從一夫一妻制開始之日起，就給了它以一種特殊的性質，使它只是對婦女底一夫一妻制，而不是對男子底一夫一妻制。即到了今日，它還保存着這個特性。

在後來的希臘人中間，應把多利亞人（Dorians）與伊奧尼亞人（Ionians）加以區別。前者可以斯巴達爲他們的古典的榜樣，他們在許多地方，還有比荷馬所描寫者更古的婚姻關係。在斯巴達有一種對偶婚姻，此種對偶婚由國家依照地方的觀點而加以改變，在許多方面頗像羣婚。不育子女的婚姻是可以解除的：阿那克山特力德帝（Anaxandridas，約紀元前六百五十年）因后不育，乃另娶一后，有着兩個家庭；同時代大約同一時間的左右，阿里斯吞帝（Ariston）因連娶二后不育，更娶了第三個，但把以前二人中之一個遺棄了。別一方面，幾個兄弟可以共有一妻，一個愛友人之妻的人，可以與那個友人分有她，並且如俾士麥（Bisnarck）所欲說的，把自己的妻交給一個崛强的『種馬』（Stallion）所支配，即使他並不屬於公民以內，也認做是合乎體義的事情。在波盧塔克（Plutarch）的一節中，說到一個斯巴達婦人，令一個向她求愛的人，向她的丈夫去求得許可，依照蕭曼（Soboemann）說來，從這裏可得出一個更大的性的自由之結論。是以對夫婦貞操底眞正破壞，妻在夫之背後的不貞，乃是從未聽聞過的事情。在他方面，斯巴達至少在其全盛時代，還不知有家庭奴隸，所稱爲希洛（Helota）的農奴則單獨住在一個莊園裏面；因此，斯巴達人很少有和婦女性交的誘惑，因此，自然而然的，由於這些條件之故，斯巴達的婦女要比其他希臘人的婦女佔着更受人尊敬的地位。斯巴達的婦女與優秀的一部分雅典藝妓(Hetaerae)，在希臘，實是受古人尊崇並認她們的言行為值得敍述的惟一的婦女。

在伊奧尼亞人中間，情形却全然不同，那可以雅典為例子。少女們祇學習紡織縫紝，至多也不過學些讀寫而已。她們差不多是過着深居簡出的生活，只能與別個婦女有所交際。女子所住的房間是在屋之隔離的一部分，是在最高的一層樓上或在偏屋中，男子尤其是陌生人很不容易入內；要是有男子來到家裏，那婦女就要退避到那裏去。婦女沒有奴婢作伴，不能離家外出；她們在家裏也嚴受監視。阿里斯多芬（Aristopahanes）曾說及摩羅西安（Molossian）犬，謂人們飼養它們是為了威嚇通姦者，而在亞細亞各城市且用閹人以監視婦女，在希羅多德（Herodotus）時代，即在希奧島製造這種閹人以出賣，據華克斯莫德（Waohsmuth）說，並不是專賣給野蠻人的。在幼里披底（Euripddes）的詩中，把妻叫做『奧伊庫來馬』（"Oikurema"），即作家務的一種物件的意思（此字為一中性名詞），而在雅典人看來，妻除生育子女以外，不過是一個老奴婢而已。丈夫可以從事競技運動與公共事業，而妻則不許參加；此外，丈夫還時時可有女奴隸供自己使用，而在雅典全盛時代，又有廣泛流行的賣淫事業，此種賣淫事業，不論如何是受國家保護的。希臘惟一傑出的婦女，正是在這一賣淫底基礎上發展起來的，如斯巴達婦女以人品見稱一樣，此種婦女以其才智及藝術的嗜好高出於古代女性底一般水準以上。然在做婦人之前，必須先當藝妓，這種情形，實為對雅典家族底最峻酷的非難。

這種雅典的家族，隨着時代底進展，竟成了一種模範，不特其餘的伊奧尼人，即大陸和殖民地底一切希臘人也都逐漸模仿，以建立他們的家庭生活。但是不管有這些關閉與監視的情形，而希臘婦女仍常常可以找得到欺瞞自己的丈夫的機會，而後者以對他們的妻露出若干愛情爲可恥，他們惟有狎妓取樂但對婦女的侮辱，却在自己身上得到報復並侮辱了男子本身，直至他們墮落到違反自然的男色（Boy-love），並用甘尼美（Ganymedes）的神話，侮辱了自己的神和他們自己本人爲止。

我們從古替最開化最發達的各民族探討起來，一夫一妻制的起源，便是如此。這決不是個人性愛底結果，並且是與它全無關係的，因爲婚姻依然還是以前權衡利害的婚姻。一夫一妻制不是以自然條件爲基礎，而是以經濟條件爲基礎，卽以私有財產戰勝原始的自然生長的共有財產底勝利爲基礎。頭一個家族形態，丈夫在家中的支配權與子女底生育（子女只能出於他且須繼承他的財產）——這便是爲希臘人所公開承認的個人婚姻底惟一目的。一般說來，個別婚姻，對於希臘人乃是一種負担是一種不可不履行的對神、對國家及對自己祖先的義務。在雅典法律規定男性不僅要結婚而且要履行所謂夫婦義務底一定的最少限度。

這樣看來，個體婚姻，在歷史上決不是爲和解男女而出現的，更不是當作最高的婚姻形態而出現的。反之，它表示一性底被別一性所奴役，表示以前的全部歷史上所未知的兩性相互仇視底宣佈。在馬克思和我於一八四六年（註）所合寫的一篇舊的未刊的底稿中，我發見了如下的一句話：『最初的分業是爲生產子女的男女之間的分業。』現在我可以附加幾句：頭一個在歷史出現的階級底對立，是與個體婚姻中夫妻間的對抗底發展相一致的，而最初的階級壓迫是與男性對女性的奴役相一致的。個體婚姻乃是一個巨大的歷史的進步，但同時與奴隸制及私有財產制並存，它却開闢了那一直繼續到今日的時代，在這個時代，任何進步都同時表示相對的退步都表示一些人的幸福與發展是用別一部人的苦痛與抑壓底代價以購得的。它是文明社會底細胞，我們根據這種細胞便可以研究文明社會內部正在完全展開的對立與矛盾底性質了。

（註）係指德意志意識形態一書而言，見馬恩文集第四卷——編者。

性的關係底古時的相對的自由，並未因對偶婚或個體婚底勝利而歸於消滅。『由於普那路亞集團底逐漸消滅而日益縮小範圍的古婚姻制度，仍作了家族在其中發展起來的環境，而且阻止了它的發展直到文明底發生爲止，……它到最後終於以雜婚制底新形態而消滅了，而這種新的形態在文明期還追蹤着人們，恰如罩在家族上面的暗影。』（摩爾根古代社會五〇四頁）

摩爾根所謂雜婚制，係指丈夫在個體婚姻以外與未嫁的婦女發生非婚性的關係而言，這種性的關係，人人都知道，在整個文明期內，曾以種種形態而繁榮起來而且逐漸變爲公開的賣淫了。這種雜婚制是直接起源於羣婚，起源於婦女爲購得貞操權利而作的贖身犧牲。爲金錢而獻身，最初本是一種宗教的行爲；這種行爲是在愛神殿中舉行的，所得的錢起初歸於神殿的財庫中。阿美尼亞（Armenia）的阿那的司神（Anaitis）、科林斯（Corinth）的阿富雜底神（Aparodite）底婢女（Hierodulae），以及印度神殿中的神聖舞女即所謂bajaderes由（葡萄牙語的舞女'bailadera'一詞所引出的，）都是最初的娼妓。獻身給男性本來爲每個婦女底義務，以後則專由此等巫女代表其他婦女來實行。在其他各民族中，雜婚制是起源於允許少女在結婚前有性的自由——因之，也是羣婚底遺風，不過此種遺風是由他途以傳於今日而已。隨着財產不平等底出現，即在野蠻底最高階級上，有的地方除奴隸勞動外，並出現了僱傭勞動，同時當作它的必然的連帶物，也出現了與强制獻身的女奴隸並存的，自由婦女底職業賣淫。這樣，羣婚所遺給文明的遺產，正如文明所產生的一切一樣，是二重的，是曖昧的，是分裂而爲二的，是矛盾的；即一面是一夫一妻制，他面則是雜婚制而伴以它的極端形態——賣淫。雜婚制與任何其他制度一樣，也是一種社會制度；它保證了古代性的自由底繼續存在以利於男性。在事實上，不但被容認而且特別爲支配階級所自由奉行的雜婚制，只是在口頭上予以非難罷了。而這種非難，在事實上，也決不是爲了反對熱中於此的男性，而只是爲了反對婦女而已；輕視她們，把她們從社會中驅逐出去，爲的用這種方法，重行宣佈男子對女子底絕對支配乃是社會底基本法則。

不過，第二種對立，也隨之而在一夫一妻制本身中發展起來。與以雜婚制取樂的丈夫並立的還有一個被遺棄的妻。正猶吃了半個蘋果之後不能再保存整個的蘋果一樣，有了矛盾底一面，就非有其他一面不可了。但是就外表看來，當沒有理解男子以前，男子底意見，似乎並非如此。隨着個體婚姻而出現了兩種不變的、爲以前所不知道的特殊的社會典型：妻底常住的情人與姦婦之夫。男子雖獲得了對婦女底勝利，但是榮冠還是由敗者泰然承受了。除個體婚與雜婚制之外，雖被禁止、嚴罰、但終不能剷除的，通姦却成爲不可消除的社會現象了。——兒子出於合法父親底確實性，像從前一樣，至多只能靠道德的信念而已，爲了解決不可解決的矛盾，拿破崙法典特在第三一二條中規定："L'enfant concu pen dant le mariage a pour pere le mari;" 凡在結婚期間懷胎的子女，其父爲夫。個體婚三千年來存在底終極結果，便是如此。

這樣，在個體家族仍忠於其歷史的起源而且男女間的衝突由於丈夫底特殊支配而獲得明確表現的場合之下，這種個體家族便是自文明期起分裂爲諸階級的社會不能解決和克服種種矛盾與對抗的社會底生活在其中進行的這些矛盾與對抗之一幅縮圖。自然，我在這裏所說的，祇是指這樣一種個體婚底場合而言，即夫妻生活在事實上確是依照這一制度底原始性質底指示而進行的，但妻仍是起來反對夫底支配的。至於一切婚姻都不是這樣進行的，關於這一點沒有誰能比日耳曼的俗物更知道的清楚，日耳曼俗物不會保證自己在家中的支配，猶如他們不會保證自己在國家中的統治一樣，所以，他們的妻得以掌握他們不能担負的管理權。但是他們自以爲他們比他們的不幸的法國同志要高明一點，他們的法國同志比他們更要糟糕呢。

不過，個體家族決不是到處也不是任何時候都採取了像在希臘人中間所有的那種古典顯著的形態。羅馬人當作世界底未來征服者，具有比希臘人雖不大精鍊但卻更廣大的見識，在羅馬人中間，妻享有更多的自由和尊敬。羅馬人以爲夫婦的貞操，儘可由他對於自己的妻的生殺與奪之權力而得到充分的保證。此外，在願意解除婚約時，妻在這裏是跟夫平等的。不過，隨着日耳曼人底出現於歷史舞台，無疑的，在個體婚底發展上，則完成了巨大的進步，因爲在日耳曼人中間，大概由於他們貧窮的原故，一夫一妻制在那個時候，似乎還沒有從對偶婚完全發展起來。我們是根據塔西佗所述的三種情形而得出了這個結論：第一，婚姻雖是非常神聖地舉行——『他們以一妻爲滿足，婦女被貞操防衛起來』——但是在他們貴族及部落酋長中間仍有一夫多妻制底盛行，正與美洲印第安人所行的對偶婚情形相同，第二，由母權制底轉到父權制，在他們，只是在那以前不久才完成的，因爲母親的兄弟——依母權制爲男性底最近的同族人——在他們還承認爲比親父差不多更來得近的親族；這也是與美洲印第安人底觀點相一致的，像馬克思所常常說的，他在美洲印第安人中間，找到了一個了解日耳曼人原始歷史的關鍵。第三，日耳曼人底婦女享有很大的尊敬和對於公共事務底巨大勢力，這是與一夫一妻制所特有的男子底支配相正相抵觸的。在這些事情上，日耳曼人差不多與斯巴達人沒有什末區別，如我們所知道的在斯巴達人中間對偶婚也是沒有完全消滅的。因此，在這一點上，一個全新的要素，隨着日耳曼人而獲得了世界的支配。於各民族混合以後，在羅馬世界底廢墟之上，所發展起來的新的一夫一妻制，給丈夫底權力穿上了更和緩的形態，而至少從外面看來給了婦女以爲古典的古代所從未有過的更受尊敬更自由的地位。只有由於這一點，才造成了一些條件，從一夫一妻制——因情形的不同，或是在其內部，或是與它並行，或是相反——中發展了我們應當遵守的偉大的道德進步，爲以前的歷史所未知道的近代的個人性愛。

但是這個進步，無疑的是由這樣的情形所引起的，即日耳曼人尚處在對偶家族底時期，而竭力把適應於對偶婚的婦女地位，移入一夫一妻制，這種進步決不是由於什末傳說的奇蹟般的日耳曼人酷愛道德純潔的癖性所引起的。這種癖性在本質上可歸納如下：即對偶婚在事實上確曾解除了爲一夫一妻制所固有的顯著的道德的矛盾。反之，日耳曼人在遷徙時期特別是在向東南與向黑海沿岸草原游牧民族遷徙時期底道德，曾經深遠地墮落了，除騎馬術之外，他們並從這些游牧民也習得了些討厭的反自然的惡習，阿密亞那斯（Ammianus）關於退易發利人（Thaifali）與普洛哥布（Prokop）即關於赫留來人（Heruli）所確定說的，便是證明。

雖然，在一切衆所週知的家族形態中，一夫一妻制是現代性愛所由發展起來的惟一形態，但是這並不說是現代性愛完全地或主要地當作夫婦相互之愛而在它裏面發展起來的。受夫支配的牢固的個體婚底本性却是排除這個的。在一切歷史上主動的階級中間，而在一切支配階級中間，婚姻底締結依然與由對偶婚發生之時所作者相同——即依然是一種由父母所安排的事情，當作熱情而頭一個出現於歷史上的性愛形態，並且當作性的衝動底最高形態而爲每個人（至少是支配階級的）所能及的，——這是它的特徵——這便是它的頭一個形態，便是中世紀底武士戀愛，決不是夫婦的戀愛。正相反，武士戀愛以它的古典的方式在普羅溫斯（Provencals）人（註）中間，是正面向破壞夫婦的貞操邁進，而詩人們且加以讚美。"Albas"（破曉歌）則爲普羅溫斯情詩之花。它用着光耀的色彩，描寫武士如何地與他的情人——他人之妻——同睡，侍者站在門外，一見晨曦（Alba）初上，便馬上通知騎士，讓他得安然逃走不被人知覺。歌中的最動人的要素便是敍述離別底情景，北部法蘭西人及英武的日耳曼人也採用了這種詩風及適應於此的武士戀愛的風度，而我們的老烏弗蘭·豐·厄申巴哈（Wolfram von Eschenbach）曾留下了關於這個風流逸事的三首奇美的歌，我對這些歌，比對他的三篇長的英雄詩還要喜歡。

在今日的資產階級中間結婚有二種方式。在天主教諸國，父母依然爲年幼的資產階級的兒子選擇適當的妻，自然其結果便是一夫一妻制所固有的矛盾底更充分的發展：在丈夫方面爲雜婚制底盛行，在妻方面則爲通姦底盛行。要知道，天主教會唯有在信服對付通姦，如同對付死一樣，是沒有任何藥品的一點以後，才廢止離婚的。反之，在新教諸國，通例，資產階級出身底青年人被允許有從本階級擇妻的若干自由，因此，某程度的戀愛，可以成爲結婚底理由，而且在新教爲善底精神上，爲體面計，這經常是當作前提的。在這裏，丈夫對於雜婚的奉行，並不怎樣厲害，而妻的通姦也不常見，不過在每種婚姻形態之下，人們仍舊與結婚以前一樣，而且新教諸國的公民又大都是俗物者流，所以，這種新教的一夫一妻制，即使拿最好的例子來看，平均起來，也不過走上那號稱家庭幸福的極端枯燥的夫婦同居罷了。小說便可作爲這兩種婚姻方式底最好的鏡子：法蘭西的小說可作爲天主教的結婚底鏡子；日耳曼的小說可作爲新教的結婚底鏡子。在這兩種場合之下，『他所得的是：』在日耳曼小說中是青年得少女；在法蘭西小說中是夫得通姦之妻。而且他們之中以誰的地位爲更壞，不是常常都可以明白清楚的。所以，法蘭西布爾喬（bourgeois）之厭惡日耳曼小說底無趣，正和日耳曼俗物之厭惡法蘭西小說底『不道德』相同。可是最近，自『柏林成爲世界的都市』以來，日耳曼的小說也開始不大敢講那老早就在該地爲衆所週知的雜婚與通姦了。

不過不論在那一種場合之下，婚姻都是兩方底階級地位來決定的，所以往往便弄成了權衡利害的婚姻

（註）普羅溫斯爲法國南部底一省——編者。

了。這種權衡利害的婚姻，在兩種場合之下，便往往變爲最公開的賣淫了——有時是雙方的，而以妻方面爲更普通。妻與平常娼婦不同之點，只是在於不像僱傭的女工一度地出賣肉體，却是當作奴隸而永遠出賣的。傅立葉（Fourier）底兩句話，可應用於一切權衡利害的婚姻，他說：『如在文法上，兩個否定成爲一個肯定一樣，在婚姻倫理上，兩種賣淫則構成一種美德了。』只有在被壓迫階級中間，從而今日在無產階級中間，性愛對於婦女才能成爲規則，事實上也確是如此，至於這種關係是否得到公認，則可不論。

不過，在這種場合之下，古典的一夫一妻制底全部基礎，也往往被廢除了。一夫一妻制與男子底支配，正是爲了保存和繼承財產而造成的，但是在這裏，任何財產是沒有的；因之，在這裏男子支配權存在底任何刺激也是沒有的。不唯如此，在這裏即用於此事的手段也是沒有的：保護男子支配權的民法，其存在只是爲了有產者及他們與無產者底相互關係：它是需金錢的，而因爲工人貧窮底原故，它對於工人對他的妻的關係是沒有任何意義的。在這裏，起決定作用的是完全別一種個人的及社會的關係。此外，自大工業迫使婦女走出家庭進入勞動市場及工廠，而往往把她們變爲家族底扶養者的時候起，除了自一夫一妻制出現以來即種下根源的對妻的虐待以外，在無產者家庭中丈夫支配權底最後遺物，便失去了任何根據了。這樣，無產者的家族，即使在最熱烈的愛情及兩方都守貞操之下，也不拘有任何種宗教的及世俗的祝福，再也不復是嚴格的一夫一妻制了。所以，一夫一妻制底永遠伴物——雜婚與通姦，在這裏僅有極微小的作用；妻在事實上收回了離婚底權利，當兩方不能和好時，他們寧願分離了。要之，無產者的婚姻，決不是在一夫一妻制這個字的歷史意義上，而是就該字底語源的意味上說來是一夫一妻制的。

可是，我們的法律家認爲是立法底進步逐漸剝奪了婦女方面可訴不平的任何理由。現代文明各國底立法，逐漸承認，第一婚姻要成爲眞實的，本身須是一種兩造自願締結的條約；第二在結婚同居期間，兩造須有同一的相互權利與義務。要是這兩種要求都能徹底實現的話，那麼婦女所能願望的一切，她們就都有了。

這種純法律的論據，正與急進的資產階級共和主義者在愚弄無產者時所用的相同。勞動條約似乎是由兩造自願締結的。但是當法律在紙面上承認兩造是平等時，把該條約才能認爲是自願締結的。兩方底眞正的經濟地位，是跟法律沒有任何關係的——不論不同的階級地位給與一方的權力，也不論這一權力加於別一方面的壓迫，都是與法律無關的。在勞動契約有效期間，只要一方未聲明對條約正面放棄，兩造仍舊似乎是很平等的。那經濟的地位逼迫勞動者甚至不得不拋棄最後的外觀上的平等一事，也是與法律無關的。

在婚姻關係上，即最進步的法律，只要當事兩方在形式上證明了他們的自願的結婚，也就十分滿足了。至於在現實生活進行的地方，在法律背景後面情形如何，這種自願的同意底結果如何，關於這些，法律及法律家都可置而不問了。但是把各國底法律作一最簡單的比較，就可以告訴法律家，這種自願的結合究竟是怎麼一回事了。在法律保證子女得繼承雙親財產底應得的一部分，從而，不能剝奪他們繼承權的各國——在日耳曼，在用法國法權的諸國以及其他各國——子女在結婚時須得父母底同意。在用英吉利法制的諸國，在結婚時法律並不要求要得父母底同意，在此等地方，父母在傳授自己的遺產時有着完全的自由，他們可任意剝奪子女底承繼權。很明白的，不管如此，甚至正因爲如此，在英國和美國，在有財產可承繼的階級中間，結婚的自由，在事實上，並不比在法國與德國來得多。

男女對於婚姻底法律上的平等，也不見得比這好一點。男女從以前的社會關係所承受下來的法權的不平等，並不是婦女受經濟壓迫底原因，而是它的結果。在包括許多對夫婦和其子女的古代的共產主義的家庭經濟中，將家事委託給婦女去處理，正如男子獲得食物一樣同爲社會所必需的事業，隨着家長制的家族底發生，尤其隨着的一夫一妻制個體家族底發生，這種形勢就改變了。家事底處理，喪失了自己的社會性質。社會不再對它感興味了；它成爲一種私人的服務；妻成爲主要的婢僕，不能參與社會的生產了。祇有現代的大產業，又給婦女——只是給無產階級的婦女——開闢了一條參加社會生產的路徑，在這種情形之下，把事情弄成了這樣，即她們如果仍執行家庭中的私人服務底義務時，則她們依然不能參加社會生產，不能有什麼收入；或者如果她們願意參加社會勞動而有獨立的收入，那麼就不能盡家內的義務了。在這一關係上，不論在工廠裏邊，或在一切勞動部門內，直上至醫生及律師爲止，婦女底地位都是一樣的。現代的個體家族是建立於公然的或戴着假面具的家庭婦女奴隸制之上，而現代的社會則只是以個體家族爲分子所構成的一個集體(Mass)。丈夫在今日在大多數情形之下須得作工謀生，贍養家族，至少在有產階級中間是如此，這遂給了丈夫一種無需有任何專門的法律特權的支配地位。丈夫在家中便是有產者，妻則是無產者。不過在產業領域以內，只有在資本家階級底一切基於法律的特殊權利被廢除而兩個階級底法律上的完全平權確立以後，那落在無產階級頭上的經濟壓迫底特殊性，才很猛烈地表現出來了；一個民主主義的共和國，並不消滅兩個階級底對立；反之，它不過造成由這個對立所引起的鬥爭得以進行的地盤罷了。同樣，在現代家族中丈夫對妻底支配權底特殊性和必要性，以及對兩方確立眞正社會平等底方法，只有在兩方在法律上完全平等時，才能充分表現出來。那時可以看出婦女底解放，則以一切女性底重行參加社會勞動爲其頭一個先決條件，而要達到這個地步又非使個體家族不復再是社會經濟單位不可了。

* * * *

這樣，我們便有了三種主要的婚姻形態，在大體上，這三種家族形態是與人類發展底三個主要階段相適應的。羣婚是跟蒙昧時期相適應的，對偶婚是跟野蠻時期相適應的，補充以通姦與賣淫的一夫一妻制是跟文明時期相適應的。在對偶婚與一夫一妻之間，在野蠻底上期因男子有女奴隸在手中，遂出現了一夫多妻制。

正如前邊我們的論述所證明的一樣，在各種形態底這種依次更替中所表現的進步底特徵，就在於婦女逐漸被剝奪了羣婚底性的自由，而男性則沒有被剝奪。在事實上，即在今日，羣婚對於男性還在確實存在着。凡在婦女方面被認爲犯罪而要惹起嚴重的法律的及社會的結果的一切，對於男子反視爲榮耀，故在頂壞的場合之下，也不過當作小小的道德上的瑕點而安然容忍之。不過，傳統的雜婚制，在今日因受資本主義的商品生產底影響而愈變化，愈適應於後者，它愈變爲露骨的賣淫，則它愈要傷風敗俗。而且它使男子道德墮落，比女子還要更厲害。賣淫只是使婦女中間的不幸者墮落，把她們做了它的犧牲品，而且她們還遠沒有到像普通所想像的那種程度。與此相反，它把人類底男性一半的品格庸俗化了。比如青年人長期作了新郎，十之八九，都進了眞正的通姦學校了。

不過，現在我們正在迎接着一種社會革命，這時，那以前所存在的一夫一妻制的經濟基礎，以及它的補充物——賣淫底基礎，都不可免地要歸於消滅了。一夫一妻制是在大量財富集中於一人之手——並且是男子之手，——底結果，及由依據繼承權而將這種財富傳給這一男子底子女，而不傳給他人底子女之必要所發生的。爲了這，則需要妻方面底一夫一妻制，而非男子方面的一夫一妻制，因爲這種妻方面底一夫一妻制決不致妨礙丈夫底公開的或祕密的一夫多妻制。不過，當前的社會革命，至少把牢固的傳授的財富——生產手段——底無限大的部分轉化爲社會的財富，將這種遺產傳給何人的顧慮減少至最少限度。然而，一夫一妻制既是由經濟的原因而發生的，那麼當這種原因消滅的時候，牠是不是也要消滅呢？

可以不無理由地答道：它不僅不消滅，反之，而且只有那時要充分實現的。隨着生產手段底轉化爲社會的財產，而僱傭勞動、無產階級、以及若干婦女——在統計上是可以算得出的——爲金錢而獻身的必要，都要歸於消滅了。賣淫消滅了，一夫一妻制不是終止其存在，而對於男性最後也成爲現實了。

這樣以來，男子底地位，不論如何，大起變了。即在婦女底地位上，在一切婦女地位上也要發生很大的轉變。隨着生產手段底轉化爲社會的財產，個體家族也不復是社會底經濟單位了。私人的家庭經濟變爲社會的產業。孩子底照管及其教養成爲一種社會的事情；社會對於一切兒童，無論是合法的或是私生的，都同等地加以養護。因此之故，對於『後果』底恐懼心也除去了，這種恐懼心在今日成爲一種最本質的社會因素——道德的及經濟的——它阻止少女不注意一切而委身於所愛的男子。這會不會成雜亂的性交與夫隨之而輿論對於處女榮譽及女性羞恥底寬容之逐漸發展底充足原因呢？最後，難道我們沒有看見在現代世界上一夫一妻制與賣淫雖爲對立物，但却是不可分離的對立，同一社會秩序底兩極嗎？同時不引起一夫一妻制底沉沒，而賣淫能不能消滅呢？

在這裏，一個新的要素，即個人的性愛，開始發生作用了，這個新的要素到一夫一妻制發展的時候只是一種萌芽而已。

在中世紀以前，個人的性愛是談不到的。至於生理的美麗、親切的交情、融洽的旨趣等等可以喚起異性者底性交底欲望，以及和誰進於這種最親密的關係，無論對男子或是對女子都不是全無關係的，——這原是無待多言的事。然而這與今日的性愛還是相距很遠的。在整個古代，婚姻不是由當事人締訂的，而是由他們的父母主持的，當事人只好安心順從。那古代所僅有的一點夫婦的情愛，並不是主觀的，而是客觀的義務；不是結婚底基礎，而是結婚底附加物。現代意味的戀愛關係，在古代，僅在官方的社會以外才有的。其戀愛的熱情與痛苦由提奧克立塔（Theocritos）與摩斯卡斯（Moschus）加以歌詠的牧人，琅哥斯（Longos）底『達夫尼斯與克魯依』都是未參與國家大事，未參與自由民生活範圍的奴隸。不過，除了奴隸中間底愛的聯繫以外，我們所遇到的愛的聯繫只是正在滅亡着的古代世界底崩潰之產物，而且也是與處在官方社會以外的婦女、與藝妓、即外國婦女或被解放的女奴隸底聯繫：例如在雅典，是在它滅亡底前夜；在羅馬，是在帝國時代。要是在自由民男女之間眞正建立了愛的聯繫，那只有爲了通姦了。現代意味的性愛，對於古代典型的戀愛詩人，對於老亞納略琅（Anakreon），是不關重要的，猶如甚至被愛者的性別對於他是不關重要的一樣。

今日的性愛，與單純的的欲望與古代底戀愛之神（Eros），在本質上大有區別。第一，它是以戀愛者底互愛爲前提的；因之，婦女與男子是處在平等的地位，而在古代伊羅底時代，是決不徵求婦女的同意的。第二，性愛有着這樣的强烈性與持久性，即在這種强烈性和持久性之下，在雙方看來不能得到對手以及與對手分離都是一件大不幸，雖不是最大的不幸；兩方爲了互相佔有起見，甘冒很大的危險，以生命爲賭博，而這種事情在古代僅在通姦場合之下才有的。最後，對於性的聯繫底評價，便發生了一種新的道德標準，不僅要問：她是結婚的還是私通的？而且要問：是不是由於相互的戀愛？自然，在封建的和資產階級的實踐上，對於這個新的標準，並不比對於其他一切的道德標準來得更重視——換言之，對於牠是不理睬的。不過，也不見得對牠比對別的更輕視；它與那別的一樣——在理論上，紙面上，也是被承認的。而更大的要求目下還是不可能的。

中世紀是從古代世界在其性愛萌芽中停止下來的一點，是從通姦開始的。我們關於那創造了破曉歌的武士們的戀愛，已經敘述過了。從這種力謀破壞婚姻的戀愛，到那給婚姻須奠立下基礎的戀愛，其間還有一條很遠的路徑，這條路徑，武士們是不能走到底的。甚至我們由輕薄的羅馬民族進而考察善良的日耳曼人，在尼柏隆根之歌（Nibelungen）中也可以發見，克里姆音特（Kriemhild）雖然在暗中對西格夫里德（Siegfried）

的鍾情，並不亞於西格夫里德對她的懷慕，但是當君特（Gunther）宣布他已把她許給一個武士——他沒有說出他的名字——時，她卻簡單地對這一句話回答道：『您是不須問我的，您教我怎樣，我總是照尊意作去；陛下，您要教誰做我的丈夫，我是樂意和他訂婚的。』她毫沒有想到，她的戀愛在此是應該有所考慮的。君特向布綸喜德（Brunhild）求婚，厄策爾（Etzel）向克里姆喜特求婚，他們都是一回也不曾見過牠們的；同樣，在谷德隆裏面，愛爾蘭的息澤柏特（Sigebant）向諾威的烏德（Ute）求婚，赫澤林根（Hegeliangen）的赫德爾（Hetel）向愛爾蘭的喜爾達（Hilda）求婚，以及摩爾蘭（Morland）的栖格夫里德，奧爾尼安（Oranien）的哈德摩特（Hartmut）與夫西蘭（Sealand）的赫味喜（Herwig）向谷德隆（Gutrun）求婚，都是如此；惟有後者才自由地決嫁給赫味喜。通例，年輕公子底新娘是由父母選擇的，要是他們還活着的話；反之，在兩親已不在世的時候，他便與大封建主商議自行選擇，在這種場合之下，大封建主底意見佔着很大的比重。除此以外，也沒有別的辦法。對於武士或領主（baron），像對於最有權勢的王侯一樣，結婚乃是一種政治的行為，乃是藉新的聯繫之助以增進自己勢力底一種機會；起決定作用的一定是朝代底利益，而決不是個人的情感。在這種條件之下，關於結婚問題的最後決定權怎能屬於戀愛呢？

中世紀都市底行會市民也是如此。單是保護他們的特權，附有各種保留條件的基爾特規約，在法律上或把他們與別個基爾特分開，或把他們與其行會同事分開，或把他們與其職工及學徒分開的種種人為的界限，就夠造成一種範圍，只有在這個圍範以內，他才能自己找尋適當的妻子。新娘中誰是最適當的，在這種複雜錯綜的體系之下，解決這個問題的絕對不是個人的願望，而是家庭的利益。

這樣，到中世紀末期在絕大多數場合之下，婚姻的契約依然與中世紀初期相同，即依然是不經當事者底參加而解決的一件事。最初，人們一出世就已經是婚姻中——與整個一羣異性婚姻中的一個構成份子。晚後的羣婚形態，大概仍保存有這種狀態，不過集團漸趨於狹小罷了。在對偶婚之下，通常是由母親給自己的子女商定婚事的；在這種場合之下，關於新的親族聯繫的旨趣也起有決定的作用，這種新的親族聯繫，對於年輕夫婦可保證以在氏族及部落中的更牢固的地位，以後隨着私有財產底戰勝共同財產以及對繼承權的關切，父權制及一夫一妻制佔了支配地位，於是婚姻底締結便完完全全地依經濟性底顧慮以轉移了。買賣婚姻底形式雖消滅了，但在本質上，這一婚姻更廣泛通行，以致不僅女子，即男子也不照他們的個人的品格而是照他們的財產評價了。以兩方底相互愛情高於一切為結婚理由的事情，在支配階級底實踐上，自始就認為不可許可的。這樣的事情，只有在傳奇上，乃至毫無顧忌的被壓迫階級才是有的。

資本主義生產所遇見的形勢，就是如此。自地理發見底時代起，世界貿易及工廠手工業曾給資本主義生產準備了世界的統治。要知道，這種結婚底樣式對於資本主義生產是很適宜的，事實上也確是如此。但是——世界歷史底諷刺是無窮無盡的——資本主義在這裏定必要被打破一個大缺口，它把一切變成了商品，消滅了過去所留下的一切陳舊關係，用買賣，用『自出』契約代替了代代相因的習慣，歷史的權利。一位英國法學家緬恩（H. S. Maine）曾說，跟以前的諸時代比較，我們的全部進步就在於由身分到了契約（from status to contract），由承襲的秩序到了爲自由契約所規定的秩序，便自以爲成就了一個偉大的發見，其實——這一般說起來是正確的——這在共產黨宣言一書中早已說過了。

不過，凡能自由支配自身、行動及財產並相互平等的人們，才能締結契約。這些『自由』而『平等』的人們底創造正是資本主義生產底最主要職能之一。雖然這在最初不過是半意識地發生的，而且要穿上宗教的外衣，但是自路德（Luther）及卡爾文（Calvin）的宗教改革底時候起，就曾經牢固地確立下了這樣的命題，即人祇有在他握有意志底完全自由時，而完成自己的行爲的場合之下，他才能對這些行動負完全的責任，對於不道德行爲底一切强迫予以反抗，乃是道德的責任。然而這與從前的結婚實踐怎能契合呢？依照資產階級的見解，婚姻是一種條約，是一種法律契約，而是最重要的一種契約，因爲牠決定了兩個人終身的肉體及精神底命運。故在當時，這種契約在形式上確是自願締結的：沒有當事者底同意，牠是不能成立的。不過，這一同意底結果如何，誰在實際上締結了婚約，人人都是非常明白的。要知道，在締結別的契約時既需要眞正自由的決定，那末在訂立婚約時爲什末不要求這種自由呢？難道兩個將要結婚的青年人，沒有可以自由處理他們自己、他們的身體以及身體的諸器官底權利嗎？難道由於武士制而性愛不能成爲時髦，而且難道與武士的通姦之愛相反的夫婦之愛，不是性愛底正確的資產階級的形態嗎？要是互愛爲夫婦的義務，那麼，難道相愛者互相結婚而不與另外人結婚，是不應當的嗎？難道相愛者底這種權利不應高出於父母、親族、以及其他普通婚姻掮客與媒妁底權利以上嗎？自由的個人批評底權利，既可以毫無拘束地深入於教會及宗教的範圍以內，那麼同一權利對於長輩支配幼輩身體、精神、財產，及幸與不幸的苛刻要求怎能停止住呢？

這些疑問，社會底一切舊緣結已經弛緩，及一切世襲的觀念已經動搖的時期，都必須要提出來的。世界一下子作了差不多十倍之多；現在展開在歐人們眼前的，已不是一半球底四分之一，而是整個的地球了，他們趕急佔有了其餘的八分之七。千餘年來的過時的中世紀思想框架，隨着古舊的狹隘的故鄉框架也崩潰了。在人底對外的和對內的無限視線前面，都展開了廣大的視野。在爲印度底財富及墨西哥和波多西(註)的金礦銀礦所引誘的青年人看來，循規蹈矩以及繼承了幾世代的榮耀的基爾特特權有什麼意義呢，

(註)波多西——Potosi——爲玻里維亞底最富於礦產的一個區域——編者。

這對於資產階級的武士巡遊時代，資產階級歸根結柢仍抱着資產階級的目的，他們雖也有他們自己的浪漫史與戀愛幻想，不過是資產階級式的罷了。

情形弄得更複雜的是新興的布爾喬亞汜，尤其是在舊有制度最受動搖的新教諸國裏面，也都逐漸承認對締結婚姻契約的自由，並用上述的辦法實行了這一自由。婚姻依然是階級的婚姻，但在階級底限度以內則承認當事者有某程度的選擇自由。在紙上在道德理論上以及在詩的描寫上，再沒有像不基於相互性愛及夫妻眞正同意的一切婚姻都是不道德那樣堅固確立的觀念了。要之，戀愛結婚曾被宣言爲一種人權，而且不祇是 Droit de l'homme（男子底權利），而且一度是 Droit de femme（婦女底權利）了。

但是這種人權，在一點上，是與其他一切所謂人權不同的。所謂其他人權，在實踐上只以支配階級，以布爾

喬亞汜爲限，而對於被壓迫階級，對於普羅列搭利亞特，則直接或間歸於烏有了，在這裏，又重新出現了對歷史底諷刺。支配階級依然受某種經濟的影響所奴役，因之，只有在例外的場合之下，在其環境中才有眞正自由締結的婚姻，而在被壓迫階級環境中像我們所曾述過的一樣，戀愛結婚却是通例。

這樣，結婚底完全的自由，只有在資本主義生產與由它所造成的財產關係底消滅，把那在今日對選擇配偶尚有巨大影響的一切經濟旨趣除去以後，才能達到的。到那時候，除了相互的愛好之外，再也沒有別的動機存在了。

性愛就其性質講既要求一夫一妻的——但是這種一夫一妻制，在今日條件之下只是由婦女來實現的——那末，基於性愛的婚姻，就其性質講，則是個體婚。我們已經見到，巴哥芬認爲由羣婚底順利的轉到一夫一妻制，主要是婦女底事情，那是很對的；他祇是把由對偶婚底進一步的轉到一夫一妻制，歸功於男子；老實說，在歷史上，他降低了婦女底地位，而減輕了男子底不忠實。所以，只要經濟的顧慮——由於這種經濟顧慮之原故，婦女只好忍受男子底這種司空見慣的不忠實，如關於自己生存，尤其關於自己小孩底前途的顧慮，——一除去，那末由此而達到的婦女底平權，依據從前的一切判斷，將以比促進婦女多夫制更大的程度來促進男子底眞正的一夫一妻制。

並且，那由一夫一妻制從財產關係發生一事而加於它（一夫一妻制）的特徵，亦即第一男子底支配與第二婚姻底不可離異性，都要因一夫一妻制而無形地消失了。男子在婚姻上的支配權祇不過是他的經濟支配底結果，故它本身隨着後者的消滅而消滅了。婚姻底不可離異性，是半由於一夫一妻制於以發生的經濟地位底結果，半是這種經濟地位與一夫一妻制底聯繫在被宗教所曲解的觀念中尚未清楚理解的時代之傳統。到了今日，這種不可離異性已經大受破壞了。如果道德的婚姻只是根據愛情的婚姻，那麼惟有戀愛繼續存在的婚姻，才是道德婚姻。不過，各人尤其男性的强烈的個人性愛底持久性，是各各不同的。要是感情已經完全消失或由新的熱烈的戀愛把它排擠的話，那麼離婚，無論對於雙方或對於社會，都是幸福了。只要把人們從無益的離婚訴訟的汚泥中拯救出來就好了。

這樣，我們現在關於當前資本主義生產消除以後兩性關係形態所能推想的，主要是屬於消極的性質，大都限於正在消滅着的東西。但是出現什麼新的東西呢？這取決於新的世代長成的時候：男性的一生，再不須用金錢或其他社會權力底手段去買得婦女；女性除了眞實的愛情以外，再不須爲了其他某種刺激而委身於男子，或因害怕經濟的結果而拒絕委身於她們所愛的男子。當這樣的人們一經出現，那今日期待於他們的，他們將一點也不勞心了；他們自已會知道，他們的行爲應當怎樣，他們與這相適應會造成關於各個人底行爲的輿論——就只有這樣沒有別的了。

現在我們再回到摩爾根吧，把他丟的太遠了。對於在文明時期發展起來的社會制度底歷史的研究，已經超過了他的著作底範圍，所以，一夫一妻制的在這一時期的命運，佔據他的工夫並不多。他把一夫一妻制底進一步的發展也看做一種進步，一種向兩性完全平等的接近，但他並不認爲這一目標是已經達到的了。不過，他說：「要是承認家族已經依次經過四種形態，而現在正處在第五種形態中這一事實，那麼便發生了一個問題，即這一形態在將來是否長久存在呢？答案可能只有一個：它正如過去的情形一樣，一定是隨着社會底發展而發展，隨着社會底改變而改變。它是社會制度底產物，並將是社會文化狀態底反映。一夫一妻的家族、從文明時期開始以來，既有顯著地改進，尤在近代，那末至少可以推測：它是能夠進一步改進的，直至達到兩性平等為止。要是在遠的將來，一夫一妻的家族不能執行社會底要求的話，那就不能事先預言它的繼起者將是什麼了。」

第三章　易洛魁人的氏族

（The Iroquois Gens）

我們現在來講摩爾根底另一發見，這一發見至少與基於親族制度製成原始家族形態，有着同樣的意義。摩爾根證明，北美洲印第安人部落內的氏族團體是用動物名稱命名的，在本質上它們是與希臘人底 genea 和羅馬人底 gentes 相同的；美洲的形態是原始的形態，而希臘羅馬的形態是晚後的派生的；原始時代希臘人和羅馬人底全部社會組織及其氏族，大氏族（Phratry）與夫部落（tribe）跟美洲印第安人的組織極其相似；氏族在野蠻人轉向文明以前，甚至再往後一點，爲一切野蠻人所共有的制度（就現在所有的資料而言）。摩爾根證明了這一切以後，便一下子說明了希臘羅馬最古歷史底最困難的一段，同時，出乎意料以外地他給我們闡明了在國家發生以前，原始時代社會組織底根本輪廓。當我們知道了這一發見之後，不論覺得它是如何的簡單，但是摩爾根只是在最近才成就了它的；在其於一八七一年出版的前一部著作中，他還沒有發見這個祕密，這個祕密底揭開，在若干期間，會使那樣自信過强的英國原始時代歷史家們完全沉默下去了。

摩爾根到處用以表示這種氏族團體的拉丁語 gens 一詞，與同意義的希臘語 genos 一詞一樣，是由全雅利安（Aryan）的字根 gan（德語爲 Kan，因爲在這裏通例是用 k 以代替亞利安語的 g）一詞發生的，gan 即『生殖』之意。Gens, genos 梵語（Sanskrit）之 dschanas, 哥德（Gothic）語（依照上邊所說的通例）之kuni，古代諸威（Noise）及盎格爾撒克遜（Anglesaxon）語之kyn，英語之kin，中部高地日耳曼語之kunne，同都是表示氏族後裔之意。不過拉丁語之gens和希臘語之genos，都是專用以表示這種氏族團體，即有共通的祖先（在一定場合之下且有共同的族長）相誇，且由某種社會的和宗教的制度結合而成爲一個特殊集團者，但是這種集團底發生與性質，迄今我們一切歷史家還沒有把牠們弄清楚。

我們在前面已經看到，在研究『普那路亞』家族時，氏族在其原始形態上的成份是怎樣的。它是由凡經『普那路亞』婚姻並由於在這種婚姻中必然居支配地位的觀念而形成某一女族長——氏祖創人底公認子孫的一切人們構成的。在此種家族形態之下，父親既不能確切地確定，那只好承認女系了。又因爲兄弟不得娶自己的姊妹爲妻，只能與異血統的女子結婚，故由於母權制之故而與此等遠緣女子所生的子女，便列在氏族以外了。這樣，留在氏族團體內部的只有每代女兒底子孫了；兒子底子孫則歸自己母親的氏族裏面去了。當這種血緣集團自成爲一特殊集團，而與同一部落內的類似集團相對立時，其結果將怎樣呢？

摩爾根特舉易洛魁人底氏族，特別是塞奈卡（Seneca）部落底氏族，作爲這種原始氏族底古典形態。這個部落共有八個氏族，所用動物底名字如下：（一）狼，（二）熊，（三）龜，（四）海狸（Beaver），（五）鹿，（六）鷸（Snipe），（七）蒼鷺（Heron），（八）鷹。每個氏族內都奉行以下的習慣：

（一）每氏族推選一個酋長（sachem——和平時期底長老）和一個首領（chief，戰爭時的軍長。）酋長必須從本氏族內選出，他的職位在氏族內是世襲的，因爲一有缺位，必須立刻重新選補起來；戰時首領可不由氏族人員中選出，他的職位有時儘可暫缺。各氏族從不選舉前一酋長底兒子做酋長，因為易洛魁人奉行母權制，從而，兒子則屬於別一氏族，但是往往選舉前一酋長底兄弟或姊妹底兒子。男女都參加選舉，不過選舉須得其餘七個氏族方面底承認，然後當選為酋長者，才在全易洛魁同盟總議事會上宣佈就職。這一事件底意義，以後再來說明。酋長在氏族內部的權力，是一種家長的，純粹道德性質的，他沒有強制底手段，同時，在職務上，他又是塞奈卡部落議事會以及全易洛魁人同盟議事會的一員。軍事首領僅在作戰時有發令之權。

(二)每一氏族得任意更換酋長及軍事首領。這仍是由男女共同決定的。被免職的人，此後與其他一般人一樣，便成了單純的戰士與私人。又部落事議會亦可罷免酋長，甚至違反氏族底意志亦然。

(三)氏族人員之中任何人不得在氏族內娶妻。這是氏族底根本規則，亦即維繫氏族的聯繫；這是極積極的血緣關係底消極的表現，由於這種血緣，由它聯合起來的各個人才成為一個氏族。由於這一單純事實底發見，摩爾根才得初次闡明了氏族底本質。從前關於蒙昧人及野蠻人的報告，把構成氏族制度的各種集團既不理解，又不分別，統通混稱為部落、氏族、宗族(thum)等等，而且往往關於他們說道，在這些集團內部是禁止通婚的，這證明以前人們對於氏族底本質是如何地不了解啊。這便造成了一種不可救藥的混淆，麥克·林南就在這個混淆中當作拿破崙，挺身而出，以期用如下的判決把牠加以整理：將一切部落分為禁止在部落內結婚的(族外婚)與許可結婚的(族內婚)二種。他這樣把問題澈底混淆以後，便埋首於深沉的研究中，探討在他的荒謬無稽的兩類中究竟以那一種為較古：是族外婚還是族內婚？自發見基於血緣關係且由此而生的其成員間不能結婚的氏族以後，這一無常識的說法才自然而然地煙消雲散了。在我們所見之於易洛魁人的那種發展階段上，氏族內部是嚴禁結婚的，這是當然的事了。

（四）死亡者底財產歸於其餘的同族人所有，它必須留在氏族中。每個易洛魁人所能遺留之物，爲數很少，其遺產是由他的近親同族人相互瓜分了；在男子死掉時，由他的同胞兄弟姊妹以及母親的兄弟來瓜分，在婦女死掉時，由她的兒子和同胞姊妹來瓜分，不是由她的兄弟，而是根據同一原因，夫婦不能彼此繼承，子女也不得繼承父親。

（五）同族人有相互援助、保護、尤其幫助報復異族人所予的恥辱之義務。在保護自己的安全上，個人依靠於氏族，而且也能作到這一點；凡侮辱個人的，便算侮辱了全體氏族。因之，從氏族底血緣中便發生了那爲易洛魁人所無條件地承認的流血復讎之義務。假使別一氏族底某人殺害了一個同族人，那末被害者底全氏族必須爲他復仇。起初試行調解，行兇者底氏族議事會開會，大抵用道歉與贈送巨額禮物的方式，向被害者底氏族議事會提議和平結束事件。如果提議被接受的話，那麼事情就算解决了。要是不然的話，被侵害的氏族就指定一人或一人以上的復仇者，必須前去尋得行兇者，把他弄死。如果做到這一點的話，那被害者底氏族便再沒有了訴怨的權利，這筆賬就算勾消了。

（六）氏族有一定的名字或一系名字，在全部落內只有該氏族一個才能使用這種名字，如此，每個人底名字即可指出他是屬於那一氏族的。氏族的權利是跟氏族的名字密切聯繫在一起的。

(七)氏族得收異族人爲養子，如此可收容他們全部落底一員，未殺死的軍事俘虜，這樣由於一氏族收爲養子的原故，亦可成爲塞奈卡部落底成員，且因此而獲得一切氏族的與部落的權利。收容養子的事情，是依氏族底各個成員底動議來舉行的：爲男子可收異族人爲兄弟或姊妹；婦女可收他爲子女；爲了確認這種過繼，必須舉行莊嚴的加入氏族典禮。故常有個別的因特殊條件而衰弱的氏族，從別一氏族(獲得它的同意)中收容大批養子，因而重新强盛起來。在易洛魁人中間，加入氏族的典禮是在部落議事會底公共集會上舉行的，事實上把這種典禮變爲一種宗教的儀式了。

(八)印第安各氏族有無特殊的宗教節日，很難確定；不過印第安人底宗教儀式是多少與氏族聯繫在一起的。在易洛魁人底每年六個宗教節日，各個氏族底酋長與首領，依其職務，都列在『信仰擁護者』(Keeper of the Faith)以內，而執行僧侶的職能。

(九)氏族有着共同的墓地。紐約州底易洛魁人的四周，都住滿着白種人底墓地，現在已經消滅了，但從前是存在過的。在其他印第安人中間，墓地還保存着；例如與易洛魁人血統相近的塔斯卡羅拉(Tuscaroras)人，雖然已是他們基督教徒，但每一氏族在墓地上，有獨特的系列，比方，母親是與女子埋在一個系列之內，並不是跟父親埋在一起。又在易洛魁人中間，死者底全氏族須參加葬儀；預備墓地，及宣讀弔詞等等。

(十)氏族有一議事會，是一切成年男女人員底一種民主主義的集會，男女享有平等的投票權。這個議事會選舉並罷免酋長與軍事首領，以及其餘的『信仰擁護者』；它議決同族人中被害者底贖款或替他復仇；它並收容異族人加入氏族」總之，它是氏族中的最高權力機關。

照摩爾根說，典型的印第安人的氏族底權利是這樣的：『牠的全體成員都是自由人，都有相互防衛自由底義務；不論酋長或軍事首領都享着平等的個人的權利，並不要求何等的優越權；他們由血緣而結合爲兄弟關係。自由、平等、友愛，雖然這些從沒有明文規定，却是氏族底根本原則，而氏族又是整個社會制度底單位，有組織的印第安人社會底基礎。每個印第安人所具有的獨立與個人底尊嚴，正可由此來說明的。』

當發見美洲的時候，全部北美洲底印第安人都是基於母權制而組成了氏族。僅在某幾個部落如達科他族（Dakotas）中間氏族已經衰落了；在另外幾個部落中間，如奧傑布華族（Ojibwas）、奧馬哈族（Omahas）氏族已經是依照父系組織的了。

在有五六個氏族的許多印第安人部落中間，我們可以遇到一種獨特的集團組織，每個集團有三四個或更多的氏族；摩爾根把這種集團叫做 Phratry（兄弟關係）——大氏族，用類似的希臘語很準切地傳達出了印第安人的名稱。比方，塞奈卡部落有二個大氏族；第一個大氏族包括一個到四個氏族，第二個大氏族包括五個到八個氏族。若詳細研究起來，便可發見此等大氏族大抵是由部落最初分裂成的原始氏族；在禁止氏族內部通婚之下，每個部落必須至少包括二個氏族，以期獨立存在。隨着部落底增殖，每個氏族又分裂爲二個或二個以上的氏族，這些氏族如今便成了獨立的了！而包括一切女兒氏族的原來氏族，仍當作大氏族而繼續存在下去。在塞奈卡部落及其他多數的印第安人中間，一個大氏族內的各氏族，被認爲兄弟氏族，而別個大氏族的各氏族被認爲從兄弟氏族，像我們在前邊所看到的一樣，美洲親族制度中所有的名稱都有極現實而富於表現的意義，起初沒有一個塞奈卡人能夠在大氏族內結婚的，但是這種習慣久已廢置不用，如今只限於氏族了。據塞奈卡部落所有的傳說，『熊』與『鹿』兩個氏族是原來的氏族，其他氏族都是從這兩氏族派生的。自這個新制度確立以後，它已依着必要而外觀改變了；要是某一大氏族的各氏族滅亡的話，那末往往從別的大氏族中撥幾個整個的氏族去補充牠。因此，我們在各種部落中間，可以找到有屬於各個大氏族的名稱相同的氏族。

易洛魁人底大氏族底職能半是社會的，半是宗教的。(一)在球戲中大氏族互相對壘着；每一大氏族派出它的最優等的遊戲員，其餘的各按大氏族旁立參觀，以共遊戲員底獲勝爲賭。(二)在部落議事會上，各大氏族底酋長與軍事首領坐在一起，一集團對着一集團各個演說者向各大氏族的代表演說，每個大氏族像一個獨特的團體。(三)如果部落內發生殺人事件，並且行兇者與被害者不屬於同一個大氏族時，則被侵害的氏族常訴於它的兄弟氏族；那時這些氏族就舉行大氏族議事會，以全體對付別個大氏族，使後者也召集自己的議事會，以謀事件的和平解決。這樣，在這裏大氏族又以原來的氏族的資格出現，比從它派生的比較微弱的個別氏族來得更有成功之希望。(四)在重要人物死亡時，對方大氏族舉辦安葬及弔禮，而死者底大氏族人員則以送葬者資格參與葬儀。酋長死時，對方大氏族將缺位情形通知易洛魁人底同盟議事會。(五)在選舉酋長時，大氏族議事會也出現於舞台。兄弟氏族對選舉底承認，是認爲是當然的；但別個大氏族底各氏族是可以提出異議的。在這種場合之下，這個大氏族底議事會卽召開會議，如果議事會贊成反對的話，則選舉就算無效了。（六）從前，易洛魁人有一種特殊的宗教祕密儀式。白人把牠們稱爲魔術小屋（medicine lodges）。這種祕密儀式在塞奈卡部落內，是由二個宗教兄弟會所主持的，在收容族員典禮時舉行，兩個大氏族中各去一個這樣的兄弟會。（七）在征服美洲時，住在達拉斯加拉（Tlascala）四區的四個 linages（氏族）如果確實都是四個大氏族的話，那麼，這證明像希臘人底大氏族及日耳曼人底類似的氏族聯合團體一樣，這種大氏族也都有軍事單位底意義；這四個 linages，各成一隊，各以特別的方式和自己的旗幟，並在自己的首領指揮之下，參加作戰。

正如幾個氏族組成一個大氏族一樣，同樣，在氏族制度底古典型態上，幾個大氏族則組成一個部落；在若干場合之下，極衰弱的部落缺乏大氏族這種中間環節。

美洲各個印第安人部落都有什麼特徵呢？

（一）自有的領土及自有的名字。每一部落除自己實在住居底地方以外，還握有一片供打獵和撈魚的廣大領域。在這片領域界限之後，則爲一直伸至鄰近部落境界的廣袤的中立地帶；在語言相同的各部落中間，這種中立地帶較小，在語言不通的各部落中間，中立地帶較大。日耳曼人底沿境森林（bonndary Forest），凱撒底蘇匯維人（Caesars' Suevi）在其領土四周所設的荒地，以及丹麥人與日耳曼人間的 isarnholt（丹麥語爲 jarnved limes Danicus），日耳曼人與斯拉夫人中間的薩克遜森林和 branibor（斯拉夫語——『防衛林』）（普魯士 Brandenburg 卽由此得名的）都是這種中立地帶。這種並非由一定界限劃分開的領域，則爲部落底共有土地而爲相鄰部落所承認，自己亦須防衛，以免他人侵佔。境界底這樣不確定，大抵僅在人口巨大增加的時候，才在實踐上感覺不方便了。

部落底名稱，就外表看來，在大多數場合之下，偶然發生的居多，而自覺選擇的很少。隨着時代底進展，往往有這種情形發生，即鄰近部落給一個部落取一個名字，以別於本部落的名字，這正如克勒特人給德意志人所起的他們最初的共同的歷史名稱『日耳曼人』一樣。

(二)特殊的僅爲這個部落所專有的方言。在事實上，部落與方言在本質上是一致的。因分裂而形成新部落與新方言，在美洲還是不久以前發生的事情，即到今日，猶未完全停止。在兩個衰微的部落合併而爲一個的地方，有時例外地在同一個部落內說着兩個相近的方言。美洲各部落的平均人數在二千人以下；惟易洛魁部落卻有二萬六千人，實爲美國用同一方言的印第安人底最多者。

(三)正式任命由氏族所選出的酋長與軍事首領底權利。

(四)罷免他們之權利，甚至違反他們的氏族底志願。此等酋長及軍事首領既都是部落議事會底會員，那末部落對於他們的這種權利，是當然的。凡在部落聯盟已經組成以及加入該聯盟的一切部落都有代表參加聯盟議事會的地方，則上述的權利便歸於聯盟議事會了。

(五)共通的宗教觀念(神話)及禮拜儀式。『美洲印第安人，在其野蠻的風度上，乃是一種宗教的民族。』他們的神話迄今尚未被批判地研究過；他們把自己的宗教觀念——一切種類的精靈——業已體現在人的肖像上，但是他們所處的野蠻下期，還不知道有所謂偶像。這是還處在向多神教發展路程中的對自然與元素底崇拜。各部落各有各的經常的節日，用一定的禮拜形式，例如跳舞與競技來慶祝；尤其跳舞爲一切宗教祝典底主要的構成部分，每一部落是分別慶祝自己的節日的。

（六）公共事務的商議有部落議事會。它是由各個氏族底一切酋長與軍事首領，他們的眞正代表者組成的，他們在任何時候都可罷免；議事會公開開會，四周圍着部落底其餘人員，這些人員有權參加討論，并得要求採取意見；但由議事會來決定。通常，每個出席的人都可隨意發表意見，婦女亦可經她們所委託的發言人，陳述自己的意見。在易洛魁人最後的決定，日耳曼需要全場一致通過，這正如馬克（mark）村莊決定某些問題時的情形一樣。調整對其他部落底關係，亦在部落議事會的權限以內；部落議事會並接受和派遣使者，宣戰及構和。要是發生戰爭的話，那在大多數場合之下，只有志願兵參加，在原則上，每一部落與未訂和平條約的其他部落，都算是處在戰爭狀態中的。

反對這種敵人的軍事行動，大抵是由各個優秀的武人來組織的；此種武人舉行一種戰爭跳舞，凡加入跳舞的人，就由此宣告他亦加入了出征軍隊。隊伍可立刻組織起來，即時出動。受侵犯的部落領域底防衛，大抵也是由志願隊來担任的。這種隊伍底出發與凱旋，總要舉行公共典禮的。這種出征並不需要得到部落議事會底同意，既不請求，也不給與。這與塔西佗（Tacitus）所記述的日耳曼隨兵（Followers）底私門的出征是一樣的，不過日耳曼人的隨兵隊，已具有比較經常的性質，而成爲一種在平時也有組織，在戰時再號召其他志願兵

99　第三章　易洛魁人的氏族

的强固核心了。這種軍隊罕有爲數衆多的；印第安人底最大的出征隊甚至到很遠的距離去，也僅有很少的戰鬥力，如數個這種隊伍爲了某一大規模措施而聯合起來時，其中每個隊伍仍只服從它自己的首領；作戰計劃底統一，有此等首領會議以資保證。據安密亞那斯·馬塞里那斯（Ammiarus Marcellinas）的記載，第四世紀阿利馬尼人（Allemani）在上萊茵（Upper Rhine）的作戰方法，就是如此。

（七）在有幾個部落中間，有一個最高的元首，但他的權力是很不大的。他是酋長之一人，當需要緊急行動時，在未召集議事會採取最後決定之前，他可臨時採取相當的辦法。在這裏我們看到了一種微弱的具有執行權力職權的萌芽，不過這種萌芽在以後的發展中大抵歸於烏有了。因爲這種執行權力，如後面所述，雖不是到處，但在多數場合之下，是由最高的軍事首領底職權中發達起來的。

美洲印第安人底大部分並沒有超出聯合而爲部落的範圍。其中人口不多的部落，彼此由廣大的邊境地帶隔離開來，且爲不絕的戰爭所削弱，他們以少數的人口占有遼闊的地面。血緣部落間的聯盟，常因暫時的必要而結成，等到這一必要一消失就告解散了。但在個別的地方，起初爲血族但却分散的部落又重新團結而構成永久的聯盟，爲形成民族的第一步。在美國，我們於易洛魁人中便可見到這種聯盟底最發達的形態。他們從密西西比河西部（在這裏他們大概爲達科他大血族集團底一分枝）住居地域遷移出來，經過長期漂泊之後，最後便定居於今日的紐約州，而分成了五個部落：塞奈卡（Senecas）、揆尤加（Cayugas）、溫嫩多加（Onondagas）、奧奈達（Oneidas）、及摩和克（Mohawks）。他們以撈魚、打獵及原始園藝爲職業，住在大半用柵防衛的村落中。他們的人口從未超過二萬，五個部落之中有幾個共通的氏族；他們說着同一言語底非常近似的方言，住着一個廣袤的領域。這塊領域爲五個部落所瓜分，因爲這塊領域是重新征服的，所以這些部落在習慣上都團結起來，以對付被他們所驅逐的部落，自是當然的事。至遲到十五世紀之初這樣便已發展而成爲一種眞正的『永世聯盟』(eternal league)，這種聯盟一經意識了牠所具有的力量，便立刻具了進攻的性質，約在一六七五年左右，達到了它的強盛底絕頂，征服了它的四周的廣大土地，把這些地方上的住民一部分驅逐出境，一部分使之朝貢。就印第安人未超出野蠻時代下期（從而把墨西哥人、新墨西哥人及祕魯人除外）一點而言，易洛魁人聯盟乃是印第安人所剛造成的最發展的社會組織。聯盟底根本特點如下：

（一）五個血緣部落以部落底一切內部事項完全平等及獨立爲基礎的永久聯盟。這個血緣關係則爲聯盟底眞實基礎。五個部落之中，有三個稱爲父親部落，互爲兄弟；其餘二個稱爲兒子部落，也互爲兄弟。三個較老的氏族在五個部落中還是由活的成員來代表的，此等成員皆被視爲兄弟。其他三個氏族在三個部落中尚有生存者，他們的成員也互稱爲兄弟。共同的言語（僅有方言的差異）便是共同血統底表現與證據。

（二）聯盟底機關爲聯盟議事會，係由地位及權威都是平等的五十個酋長所組成；這一議事會在聯盟底一切事務上有最後的決定權。

（三）在這五十個酋長創立聯盟時，係按各部落和氏族而當作爲聯盟目的所特別設置的新官職的代表者來分配的。在解除職務時，相適應的各氏族便選一代理者，此種代理者得隨時罷免；不過批准職務底權利，是屬於聯盟議事會的。

（四）此等聯盟的酋長們，同時都是他們的部落底酋長，享有參加部落議事會及投票之權。

（五）聯盟議事會底一切決議，必須經全體通過。

（六）投票是按部落來舉行的，這樣，每個部落以及在每個部落裏邊議事會底全體會員都須一致贊成，決定方算有效。

（七）五個部落議事會中之任何一個得召集聯盟議事會，但聯盟議事會不得自行召集。

（八）會議在聚集起來的民衆面前公開舉行的，每個易洛魁人都可發言；但最後的決定歸於議事會。

（九）聯盟沒有立於執行權力元首地位的那種人。

（十）但聯盟有二個具有平等職能及平等權力的最高軍事首領（類似斯巴達人底二『王』，羅馬底二執政官。）

易洛魁人過了四百餘年，直至今日還在過着的社會制度，就是如此。我跟蹤摩爾根之後，很詳細地敍述了這種制度，因爲我們在這裏有一個機會可以研究還不知有國家的社會組織。國家是以與構成它的全體成員大衆相分離的一種獨特的社會權力爲前提的。所以，馬婁（Mauren），以正確的感覺爲指導承認日耳曼的馬克制度爲一種純粹社會的制度，雖然它以後大抵作了樹立國家底基礎，但在本質上它是與國家不同的。馬婁在他的一切著作中所研究的，都是關於社會權力從馬克村落、田莊及城市與夫跟它平行的等原始組織中底逐漸發生。我們從北美印第安人就可看出，起初一個統一的部落怎樣漸漸地散佈於廣漠的大陸；各部落怎樣分裂而成爲民族，成爲諸部落總體；言語怎樣改變，不僅成了互相不懂的東西，而且差不多消失了原來統一性底種種痕迹；與此並行在一個部落內部各個氏族怎樣分裂爲好幾個氏族，舊的原來的氏族仍大氏族方式保存着，而此等舊氏族底名稱，仍與遼遠的及老早彼此分離的部落的相同——「狼」與「熊」仍爲大多數印第安部落底氏族名稱。一般說起來，上述的社會制度，對它們全體都是適用的，所不同的只是他們之中許多並未達到近親部落底聯盟而已。

我們並看到，氏族一經成爲基本的社會細胞，那末差不多以不可克服的必然性（因爲這是完全自然而自然的）要從這種細胞中發展出氏族、大氏族及部落底全部結構。這三種集團代表着血緣關係底各種不同的程度，並且其中，每種都是閉關自守，各管各的事情，又一個成爲一個的補充。歸它們管轄的事情範圍，包括下期野蠻人的全部公共事務。因此，我們凡遇見某一民族有作爲基本社會細胞的氏族時，便可找出他的與上述情形相同的部落組織來；凡在有充足資料的地方，如在希臘及羅馬，我們不僅能找出這種組織，而且確信在未有資料的地方，與美洲社會制度底比較，亦可給我們說明一切最困難的疑問與啞謎。

這種氏族制度在它的一切樸素的簡單性上，是如何奇妙的一種組織啊！沒有軍隊、憲兵及警察，沒有貴族、國王、總督、知事及審判官，沒有監獄，沒有訴訟，但是萬事都是有條有理的。一切的紛爭和誤會，都由有關係者的全體——氏族或部落，或各個氏族相互之間來解決了；血的復仇僅當作極端的罕少應用的手段；我們今日的死刑，只是這種復讎的文明形態，而帶有文明底一切利益與弊害。雖然有着比今日更多的共同事務，但是好多家族的家庭經濟都是共同地和共產主義式地經營的，土地乃是全部落底財產，僅有小小的園圃交給個別住戶暫時使用，——可是，他們並不有有如今日那樣麻煩複雜的管理機關底形迹。有事件發生，有關係者就解決了牠，在大數場合之下，數百年的習慣就把萬事調整好了。貧人和窮光蛋都是不會有的，因爲共產主義的經營與氏族都知道他們對於老人、病夫與戰爭殘廢者的義務。一切人都是自由平等的，不分婦女。奴隸之事還是沒有的，奴役異部落的事情，照例，也是沒有的。當易洛魁人約在一六五一年左右征服伊里人（Eries）及『中立國民』（Neutral Nation）的時候，他們向他們提議作爲完全平等的會員加入自己的聯盟；僅到被征服者拒絕這個提議時，他們才把他們從其土地上驅逐出去了。

凡曾與純潔的印第安人接觸過的白人，對於這種野蠻人自尊心、公正、高尚及勇敢底稱讚，表明這樣的社會產生了怎樣的男女啊。

不久以前，我們在非洲看到了這一種勇敢的榜樣。卡斐・咀魯人（Zulus）在數年前，努比安人（Nubians）在數月前（註）——兩族都是氏族制度尚未絕滅的部落——曾作了那任何歐洲軍隊所不能做的事情。他們沒有槍砲，僅僅用柄槍與投槍（lances and spears）爲武器，在英國步兵——公認在密集部隊戰鬥上是世界第一的——的速射砲的彈雨之下，竟衝至前面，造成白刃戰，不止一次衝散英兵隊伍，甚至擊退他們，不管在武器上是非常的不平等，也不管他們是完全沒有兵役，更不知道什麼是軍事訓練的。有一位英吉利人底訴苦，謂卡斐人（Kaffir）在二十四小時內比馬走的又多又快，這就可以證明這種野蠻人能夠抵抗和執行什麼了。「他們分泌出了堅固而強韌的微小筋肉好像鋼一樣。」——一位英吉利的藝術家說。

在沒有劃分爲種種階級以前，人類及人類社會就是如此。要是我們把他們的地位與今日極大多數文明人的地位作一比較，那末就可以看出今日的無產者或農民與古代自由的氏族成員間底差別，有很大的。

這是問題底一面。不過，我們不要忘記，這種組織是註定要滅亡的。它不會超出部落底範圍；部落底聯盟，如在後邊所述的，以及如易洛魁人想奴役其它部落的企圖中所表現的，已表示它的崩潰底開始。凡是部落以外的，便是法律以外的。在沒有一定的和平條約之下，便是各部落間的混戰，而且這種戰爭是進行的很殘酷，這種殘酷性把人類跟別的動物區別了開來，僅到後來才因兩方利益的要求而稍微緩和了。

在全盛時期的氏族制度，如我們在美洲所見的，是以極不發展的生產，從而廣大地域上居民的極度稀薄，再從而人類之差不多完全受支配於與他無緣的、對立的、所不了解的外部自然（這反映於樸素的宗教觀念中）爲前提，無論對於別一部落的異族人或對於自身，部落都是人底一種限界：部落氏族、和它們的制度，都是神聖而不可侵犯的，都是一種自然所賦與的最高權力，個人在其感情、思想與行動上都依然要無條件地服從這種權力的。這時代底人們，在我們看來，不論怎樣威風，但是他們相互並沒有什麼差別，用馬克思底話說，他們還沒有脫離原始社會底臍帶。

這種原始社會底權力一定要被打破的，而且它已經被打破了。不過它是受這種影響而打破的。這種影響在最初認爲是退步、是沒落、是從古代氏族制度之單純的道德頂上之墮落。最卑下的利益——卑鄙的貪欲、狂暴的情慾、卑劣的吝嗇、對共有財產之利己的掠奪——乃是新的、文明的階級社會底敎文；最可鄙的手段——偷竊、暴力、欺詐、背叛——摧毁了舊的無階級的氏族制度，乃至使它崩潰而這一新社會自身，在共存在之整整兩千五百年間，只是區區少數人剝削被搾取被壓迫的絕對大多數人的一種發展罷了，而今日社會的成爲這種情形，比從前任何時期更加厲害了。

第四章　希臘人的氏族

希臘人，像皮拉斯齊人(Pelasgians)以及別的同部落的氏族一樣，在先史時代就依照像阿美利加人所有的那種有機的次序氏族、大氏族部落部落聯盟組織起來了。大氏族也許是沒有的，如多利安人(Dorians)就是如此；部落聯盟也許不是到處發生過的，但是在無論何處氏族總是基本細胞。當其出現在歷史舞台上的時候，希臘人已經站在文明底門閾上了；在他們與上述美洲諸部落之間，橫着兩個差不多很大的發展時期，亦卽英雄時代的希臘人比易洛魁人超過兩個時期。因此，希臘人底氏族已經不是易洛魁人底那種古昔的氏族了，羣婚底痕跡開始在顯著地消失着。母權制已讓位給父權制；靠父權制之助而勃興的私有財產在氏族制度內打開了頭一個缺口。而第二個缺口則爲第一個缺口底自然結果：在實行父權制後，富有的女繼承人底財產，當她出嫁時既歸於她的丈夫，那就是說，既轉交別一個氏族所有，那末，這便摧毀了一切氏族權的基礎，當這時候，氏族爲了保留少女的財產計，不惟容許少女在氏族內結婚，而且使她非這樣做不可了。

據格羅脫(Groto)的希臘歷史，雅典的氏族尤其是以下列各爲基礎的：

(一)公共的宗教節日及舉行祭祀一定的神底神聖儀式之特殊權利，這種神被想像爲氏族底祖先，而取有獨特的稱謂，

(二)公共墓地(參照德謨士內斯底『攸彪利低』Demosthenes' Eubulidee)。

(三)相互的承繼權。

(四)當受侵害時相互援助保護及支持底義務。

(五)在某種場合之下，特別是在事關孤女或女承繼人的時候，在氏族內結婚之相互的權利與義務。

(六)至少在若干場合之下，財產之共有及自設的 archon (管理人)和會計。

以後幾個氏族結合而為一大氏族，不過關係不大密切；但是在這裏我們仍能見到同樣的權利與義務，特別是一定的宗教儀式底共同舉行及當大氏族人員被殺時緝辦兇手底權利。一個部落底全體大氏族，又有共同的定期舉行的宗教節日，由貴族(Eupatrides)中選出的 phylasileus (部落長)來主持。

格羅脫所說的至此為止。馬克思關於這一點指出說：『經過希臘氏族，可以明瞭地看清蒙昧人(例如易洛魁人)。』要是我們把我們的探討繼續下去，那末把這種蒙昧人可以看的更清楚。

在事實上，希臘的氏族具有以下的特徵：

(七)父權制的血統。

(八)除與女承繼人結婚以外，禁止氏族內的結婚。這一當作法律而構成的例外及其方式化證明，古時的規則還是有效的。這也是從下面一種公認的規約而發生的，即婦女出嫁以後，就不參與本氏族底宗教儀式，而改行她所加入的丈夫的大氏族底宗教儀式了。根據這種習慣及狄卡爾珂斯(Dikacarchos)的著名的引述氏族以外的結婚是一種通例，所以柏刻（Beoker）在"Charikles"中就率直地認爲，無論何人是不許在自己的氏族以內通婚的。

(九)氏族收容養子的權利；這是用家族收養子的方法來實現的，但須舉行公衆的儀式，不過這祇是一種例外的事情罷了。

(十)選舉并罷免首長(archons)之權利。我們知道，每一氏族都有它的首長，至說到這一職務是否是由一定的家族世襲的，從無人提及過這一點。在野蠻底末期，預料還沒有嚴格的世襲制，因爲這種世襲制是和氏族內底富人與窮人都享有完全平等權利的秩序不相容的。

不僅格羅脫，而且尼布爾（Niebohr）、蒙森（Nommsen）、及上古底其它一切歷史家，都爲氏族問題所困惑。不論他們如何正確地敍述了氏族的許多特點，但是他們總是把它看作家族集團，從而，他們不能理解氏族底性質與起源了。在氏族制度之下，家族從不是個組織單位，也不能成爲一個組織單位，因爲夫與妻必然是屬於二個不同的氏族的。氏族是整個兒地包容在大氏族之內，大氏族是整個兒地包括在部落之內；但家族一半是包括在夫底氏族以內，一半是包括在妻底氏族以內。國家在其公法上也不承認家族，到今日爲止，家族不過是在民法上存在着而已。雖然如此，但是我們的全部歷史科學，直至現在，都是從一個妄誕的前提出發的，這種前提曾成爲不可爭論的，尤其在十八世紀，即以爲比文明時期殆難較古的一夫一妻的個體家族，曾是爲社會和國家在它的周圍逐漸結成的核心。

馬克思補充說：『格羅脫先生其次應當認淸，雖然希臘人由神話中得出了他們的氏族，但是這種氏族比牠們自己所造成的神話及其諸神與半神爲古。』

莫爾根愛引用格羅脫的話，因爲他是個權威的和十分值得信託的證人。其次格羅脫說：每個雅典氏族有着一個從他們的想像的祖先傳給他們的名字，在梭倫（Solon）時代以前，在一切場合之下，而在梭倫時代以後在無遺言的場合之下，死者底同族人承繼他的財產，在遇害的場合之下，最先被害者親族，其次，其餘同族人，最後大氏族人員有向法庭告發犯罪者的權利與義務：『凡我們關於最古的雅典法律所知道的一切，都是以氏族及大氏族的劃分爲基礎的。』

氏族底起源於共同的祖先，已成了『學究俗物』（Sohoolbred philiothnes）（馬克思）底頭暈腦脹的工作了。不消說，他們把這種祖先看作純粹的神話，所以他們簡單地便不能解釋氏族，是從彼此並存甚至起初不是相互有血緣的家族中起源的，但是他們爲了說明氏族底存在，卻不能不如此了。於是他們就纏着他們的空談底迷魂陣，不出乎這一論則了：系譜（Pedigree）自然是一種神話，但氏族在現實上卻是存在着的，因之，歸根結柢，格羅脫便說了如下的話（括弧內的話是馬克思說的：）『我們僅間或聽到這種系譜，因爲僅在某種場合之下，特別是在典禮場合之下，才公開說到它的。可是不大著名的氏族也有共同的宗教儀式（這是非常奇特之事，格羅脫先生！）和共同的超人的祖先與夫共同的系譜，正與有名的氏族一樣，（格羅脫先生，這在不大出名的氏族中間仍是很奇特的一回事啊；）根本的計畫與理想的基礎（親愛的先生！不是理想的(ideal)

而是**肉體的**(Carnal)啊!在一切氏族中間都是相同的。』

馬克思把摩爾根對這一問題的答案綜結起來如下:『跟原始形態——不論希臘人或其他死亡的民族都有過這種形態——的民族相適應的血緣制度保證了氏族底一切成員底相互親族關係底知識。他們從孩兒時代起,就在實踐上學會了這種對他們非常重要的知識。隨着一夫一妻制的家族底發生這遂被忘記了。氏族的名字創造了系譜,與之並行的個別家庭底系譜便成了失掉意義的了。這個氏族的名字現在便作了它的承担者血統共同一事的證據;但是氏族底系譜業已十分疏遠,以致除了有比較近些的共同祖先的少數場合以外,氏族底成員已經不能確切地確定他們的真正親族關係底等級了。名字的自身乃是共同血統底證據,而且除了養子的情形以外,也是不可爭辯的證據。反之,像格羅脫及尼布爾所作的(他們把氏族變為純粹虛構與詩的創作底產物,)對氏族成員間任何親族關係底事實的否認,只有「理想的,」亦即純粹書齋學者才能幹得出的。由於後代底聯繫,尤其隨着一夫一妻制底發生,而日益疏遠,及過去的現實反映於幻想的神話作品中,於是善意的俗物便作出了而且還在作着一種結論,謂幻想的系譜創造了現實的氏族。』

大氏族,像美洲印第安人的一樣,是一種最初的氏族,它結合了幾個從它分出的女兒氏族,並且它往往還使這些女兒氏族從一個共同的祖先出生的。據格羅脫說:『所有同時代之人海格推奧斯(Hekataeos)大氏族底成員,都承認同一個神為其第十六等親的祖先。』所以,這一大氏族的一切氏族本來都是兄弟氏族。荷馬就把大氏族看做一種軍事單位,在那有名的一節中,涅司忐(Nestor)勸告阿加綿農(Agamemnon)說:『按照大氏族和部落來編制人們，以便大氏族可以援助大氏族，部落可以援助部落。』此外，大氏族在其成員被害時有告發的權利與義務；因之，在以前大氏族也有流血復仇底義務。其次，它有共同的宗教儀式與節日，全部希臘神話從其本身所帶來的古代雅利安人的自然崇拜而來的發展，大體上是由氏族及大氏族造成的，並且這一發展是在它們內部繼續進行的，再則，大氏族有一個大氏族長（Phratriarchos），據得庫蘭給（DeCoulanges）說，它還有全體大會，採取必須執行的決定，並握有審判與行政的權力。甚至以後的輕視氏族的國家也還給大氏族保留下了行政性質底若干公共機能。

幾個近親的大氏族構成一個部落。在亞蒂加共有四個部落；每一部落有三個大氏族，而每個大氏族則有三十個氏族，各個集團底這樣確切的決定，須以對自然發生的秩序有自覺的和有計畫的干涉為前提。至於這是怎樣且在什麼時候、又為什麼發生的，希臘歷史關於這一點沒有提及，希臘人自己關於他們的歷史也沒有保存下比英雄時代更遠的記憶。

希臘人是密集在一個比較狹隘的領域裏面，他們的方言上的差異，並沒有像在廣大的美洲森林中的那樣顯著；但是在這裏我們看到，僅有基本方言相同的部落才結合而成為一個大整體，甚至小小的亞提加（Little Attica）也有獨特的方言，這一方言後來獲得了統治地位而作為全部希臘散文底共通語言了。

在荷馬底詩中，我們可以找出，希臘的各部落，在多數場合之下，已結合而為不大的民族了；但是在這種民族內部，氏族、大氏族、及部落，還完全保存着他們的獨立。他們已經在於用城牆防備的城市裏面，人口底數目，隨着畜羣底增加、農業底擴張，以及手工業底出現而日益增大；同時，財富的差別，從而古代原始民主主義內部底貴族份子也生長起來了。各個小民族，爲了佔有最良的土地及爲了掠奪戰利品，進行着不斷的戰爭；軍事俘虜奴隸制，已成爲公認的制度了。

這些部落與小民族底社會制度如下：

（一）常設的權力機關爲議事會（bule）。就外表看來，這種議事會最初似乎是由各氏族首長（arohous）組成的，以後因其人數日益增多，改由特別選舉之人來組成，這種特別選舉之人便作了形成和鞏固貴族份子底基礎；狄奧尼希阿斯（Dionysios）給我們所描寫的英雄時代由顯紳名人（kratistol）組成的議事會，正是如此。議事會對於一切重要問題採取最後的決定；例如伊士奇羅斯所說的底比斯（Thebes）議事會曾有一個在當時環境之下有決定意義的決定，即議決對厄提奧克利（Eteokles）舉行榮譽的安葬禮，而將玻里尼開茲（Polynikes）的屍體，拋棄讓狗吃掉。後來自造成國家以後，這種議事會就變爲元老院了。

（二）**民衆會**（Agora）。我們已經看到，在易洛魁人中間，當議事會開會時，男男女女都團繞在周圍，以確定的秩序參加討論，左右它的決定。如今在荷馬所描寫的希臘人中間，這種列席之人，用古代日耳曼人的法庭的術語說，已經發展而爲一種眞正的民衆大會，這在古代日耳曼人也是有的。民衆大會由議事會召集，以解決重要的問題，每個男子皆得發言。解決方法是用舉手（見伊士居奇羅斯的『請願保護者』The Suppliants, 697）或歡呼。最末一級的最高權力則屬於民衆大會，因爲像蕭曼（Sohoemann）（『希臘的古代』——Astiauities of Greece）所說的，『當討論到一件事情，其執行須要民衆參加的時候，凡違反民衆意志而可用以强制他們來執行的方法荷馬並未提及過。』顯然在這個時代在部落中一切成年男子都是戰士，那時可以對抗民衆而與民衆相分離的公共權力還是沒有的。原始的民主主義還十分盛行，在判斷議事會及軍事首長（basileus）底作用時，我們應當以此爲權力與出發點。

（三）軍事首長。馬克思關於此點說道：『歐羅巴的學者大半爲天生的宮廷走狗，他們把軍事首長變爲近代意味的君主。央岐人共和主義者——摩爾根是反對這一點的。他極其俏皮地但很正確地關於阿諛的格蘭斯頓（Gladstone）先生與他的"Juvonts Mundi"說道：『格蘭斯頓先生，給我們把英雄時代底希臘首長描寫成國王和公侯，並錦上添花，說道他們也都曾是紳士；但是他自己應當承認，我們所發現的他們的長子繼承底習慣或法律，似乎已經很充分，但是並不是過於明確地表現出來的。』預料附有這種保留條件的長子繼承制，在格拉斯頓看來，已經是充分地但不十二分明確地是失掉任何意義的了。

我們已經見到，易洛魁人及其他印第安人底首長職務底世襲情形是怎樣一回事了。在氏族內部，在多數場合之下，一切職位都是選舉的，因之在氏族範圍內也都是世襲的了。在遞補遺缺時，最近的同族人——兄弟或姊妹底兒子，便漸次享有優先權，要是沒有擯除他的原因的話。所以，要是在父權制統治之下的希臘人，其軍事首長職位通常是傳於兒子或兒子中的一人，那末這僅不過證明兒子們因民衆選舉的原故是能有承繼的希望的，但是決不能作爲不經這種選舉的合法承繼底證明。在這種場合之下，我們看到，在易洛魁人和希臘人中間，在氏族內部已經有了特殊的顯貴家族底最初萌芽，而希臘人並且還有了未來的世襲元首或君主底最初萌芽。因此，預料希臘人的軍事首長與羅馬『皇帝』(rex)的情形相同，不是由民衆選出的便是一定由民衆的公認的機關——議事會或民衆大會——所認可的。

在『伊里亞特』中，『大丈夫底主宰者』阿加綿農，並不像是希臘人底最高皇帝、而像是在被圍城市前的同盟軍底最高首領。當希臘人中間發生內訌的時候，奧特賽(Odysseus)底有名的一節文字中，就指出了他的這一地位：多頭制是不好的，應該有一個人做首領云云。（尙有人人愛誦的以後附加的敍述王權標誌的詩句。）奧特賽在這裏並沒有講到統治底方式，而只是要求在戰爭中須服從最高首領。

在特羅伊(Troy)之下，希臘人只是一種軍隊，在他們的民衆大會上行着十分民主主義的秩序：阿溪里(Achilles)說及贈品即戰利品底分割時，他總是把這一任務不委之於阿加綿農或別的某軍事首長，而是委之於「阿奇亞人(Achaeans)的兒子們」即民衆。形容詞「宙斯(Zons)所生的」，「宙斯所養的」，並未證明什麼，因爲每個氏族都是由起源於一個神的，而部落首長底氏族已經是起源於一個「更貴重」的神——在這裏是宙斯——了。甚至人格非自由之人，比如飼豚的攸米阿斯(Ennaeos)都是『神聖的』(dioi, tehoioi)，因之，還在「奧德賽」中，比「伊利亞特」時代要遲得多。在同一「奧德賽」中，把「英雄」的名義，還是給予傳令官馬里阿斯(Mulios)及盲樂師德謨多可斯(Demodokos)的。要之，希臘著作家所用以表示荷馬的所謂統治權（因爲它的主要的特徵——便是軍事的指揮）的軍事首長("basileia")這一字，與議事會和民衆大會並行，只是表示軍事的民主主義而已。』（馬克思。）

軍事首長，除軍事的職權以外還有祭祀的及裁判的職權；審判的職權並沒有確切規定，但牧師的職權是把他當作部落或部落聯盟底最高代表者而給與他的。關於民事行政的職權從沒有講起過；但是就外表看起來，在職務上軍事首長也是議事會底一員。這樣，把 basileus 翻譯為德語 "König"（Kuning），在語源上是完全正確的，因為 "König" 這一字是由 Kuni, Kunne 來的，即『氏族頭目』的意思。不過，與現代意義的『國王』（Korol）一詞，並不相適應。古代希臘（Basileus），修昔的底斯（Thucydides）把古代的 basileis 很確定地叫做 patrike，即由氏族發生者的意思，並說他握有明白規定的因而有限職權。亞里士多德（Aristotle）曾說，英雄時代底 basileia 會是統御自由人的首領，而 basileus 則為軍事首長法官及最高僧侶；所以 basileus 並未握有後來所謂的統治權力（註）。

（註）不論希臘的 basileus 或阿茲得克（Aztec）的軍事長官，都用近代的王公來代替。摩爾根首次對於西班牙人底起初誤會的和誇張的後來竟正面造謠的報告，加以歷史的批判，而證明墨西哥人已處在野蠻的中期，但比在其發展上業已略略超過了新墨西哥的柏布羅印第安人，並謂根據被歪曲的報告可以推出他們的社會制度，是跟下面的情形相適應的：即三個部落聯盟，它征服了其它幾個部落而使之朝貢，該聯盟是由一個聯盟議事會與一個聯盟軍事首長統治的，西班牙把這個聯盟軍事首長變成了『皇帝。』

這樣，我們看見，在英雄時代的希臘社會制度中，古代的氏族組織還是完全存在着的，不過同時我們也看見它的瓦解也已經開端了：由兒子繼承財產的父權制，（這促進了家族中財產的積蓄，加强了家族與氏族的對抗；）財產的差別因世襲的貴族及君主政體底最初萌芽之形成而對社會制度的影響；起初雖僅限於軍事俘虜，但業已造成奴役同野蠻人甚至同氏族人的可能的奴隸制；從前部落間的鬥爭爲獲得家畜、奴隸、財寶而脫變爲陸上和海上的有組織的掠奪，以及該混戰之變爲一種正常的營生方法；一句話，把財富當作最高貨物而對它加以崇敬和濫用古代氏族制度以辯護對財富底暴力的掠奪。所缺少的只是這樣一種機關，即它不僅要保證各個私人所新得的財富，以免氏族制度底共產系統，也不僅要使以前那被輕視的私有財產爲神聖，並宣佈這種神聖任務爲人類社會底最高目的，而且要對一個跟着一個發展起來的獲得財產的新方式，從而對於財富底不斷加快的積蓄，加以社會普遍承認底印章，即缺之這樣一種制度，它不僅要使正在開始的社會諸階級的劃分化永久化，而且要使有產階級去搾取無產者底權利及前者對後者底統治永久化。

而這種制度畢竟出現了。國家便被發明出來了。

第五章　雅典國家底發生

我們要能探討出來，至少在最初一個階段上，國家曾經是怎樣地逐漸發展起來，它怎樣地半由改革氏族制度底機關，半由排斥牠們而代以新的機關，乃至最後以眞正的國家權力機關整個兒地代替了牠們；並且在氏族、大氏族及部落中以自衛爲目的的眞正的『武裝民衆』怎樣地被隸屬於這些國家機關從而用以反對民衆的武裝的『公共權力』所取而代之，最好是在古代的雅典。關於各項形態底更替，在大體上已由摩爾根所敍述過了，但關於產生是項形態更替的經濟內容大部分是由我補充的。

在英雄時代，雅典人底四個部落依然住於亞蒂加底個別區域；甚至構成它們的十二個大氏族，似乎也分別住在栖克洛普斯（Cecrops）的十二個城市中。社會制度也是和英雄時代的一樣：民衆大會（agora），民衆議事會(bule)及軍事首長(basileus)。

就成文歷史所能考究的，土地已被分配而爲私人財產，正如這爲商品生產（在野蠻上期末期已經比較發展了）及與它相適應的商品交易所固有的；除穀物外，並已生產葡萄酒與植物油了；愛琴海（Aegean Sea）的海上貿易，已經逐漸離開腓尼基人(Phoenicians)的手，而大半落在亞蒂加的雅典人之手了。由於土地底賣買，由於農業與手工業、商業與航海間分業的進一步的發展，氏族、大氏族及部落底人員都很快地打亂了；大氏族及部落底住區以內，住下了外來的居民，此種外來居民雖爲同國人，但並不屬於這些集團，從而，也就是異族人來到他們自己的居住地上。在和平時期，每一大氏族及每一部落，都是各處理各的事務，向雅典向民衆議事會或軍事首長，無所祈求。但是住在大氏族或部落底領土以內而不屬於他們的人，顯然的，不能參與這種行政。

這已經破壞了氏族制度機關底正常的職能，因之，當英雄時代，卽已要求設法剷除這一「矛盾」了。於是實行了提秀斯（Theseus）所起草的憲法。這一改變，首先就在於在雅典設置了一個中央管理機關，卽以前由各部落獨立處理的事務底一部分，被宣佈爲有共同意義的事務，移歸設在雅典的總議事會管轄了。由於這一新措施之故，雅典人在其發展中，比美洲土著民族中之任何一民族都更進了一步：並列的各部落底單純的聯盟已經併合而爲一個統一的民族了。因此之故，遂發生了雅典一般的民法，它高出於各個部落及氏族底法權習慣以上；雅典的每個公民，如其爲公民一樣，並取得了一定的權利與新的法律的保護，卽在他爲異部落人的區域中，也是如此。這是消滅氏族制度底第一個步驟，因爲這是後來將在全亞蒂加爲異鄉人而完全站在雅典氏族制度以外的人，也容許爲公民的第一個步驟。

提秀斯所制定的第二個新設施，是就在於把全體人民，不問氏族，大氏族，或部落，一概分爲三個階級：卽 eupatrjdes 卽貴族；geomoroi 卽農民；及 demiurgoi 卽手工業，並在於允許貴族有充任官職底特殊權利。不過，這一劃分，要是把與牠有聯繫的貴族充任官職一事不算在內，那是沒有任何結果的了，因爲除此以外，它對於其它兩個階級，並未規定下任何法律上的差別。不過，它有着重大的意義，因爲它把暗中日在發展的新的社會的要素暴露在我們面前了。它表明由一定家族人員充任氏族官職之事已經成爲習慣，而變爲這些家族擔任公共職務底很少爭辯的權利了。不僅如此，這種因其富有而具有勢力的家族已經開始在氏族之外形成一個獨特的特權階級，而剛產生的國家，把他們的這種權利加以認可。其次，它指出，農民與手工業者間的分業，已經牢固起來，使以前氏族和部落底劃分之社會意義減少了。最後，它宣告了氏族社會與國家間之不可和解的矛盾；形成國家底最初的企圖，就在於把每一氏族底成員分爲特權公民與普通公民，把普通公民又按照他們的職業分爲兩種階級，使之互相對立起來，藉以破壞氏族的聯繫。

以後的雅典政治歷史，迄於梭倫時代，不甚知道。軍事首長一職已經喪失了它的意義；國家元首已由貴族中所選出的執政官（Archons）來充任。貴族底權力日益加强，直至約紀元前六〇〇年左右，已經成爲令人不態忍受的了。在這種情形之下，貨幣與高利貸已作爲壓迫人民自由的主要手段。貴族底主要居住地爲雅典及其附近，在那裏海上貿易以及時常舉行的海盜行爲，會使貴族致富並把貨幣財富集中在他們的手中。由此而日益發達的貨幣經濟，正如腐蝕性的酸類一樣，浸入以自然經濟爲基礎的古老的村社生活。氏族制度與貨幣經濟是絕對不相容的了；亞蒂加小農底破產是與保護他們的舊的氏族關係底削弱符合一致的。債務證書及土地底抵押（雅典人已經發明了押當權）既不顧到氏族，也不顧到大氏族。而舊的氏族制度不論對於貨幣、墊款、或貨幣債務都是不知道的。因之，貴族底日益繁榮的貨幣支配，爲了保護債權者以對付債務者，爲了認可貨幣所有者對小農底搾取，又製定了一種新的習慣法。在亞蒂加底耕地上到處都豎滿着抵當的牌子，上面寫着這一塊地抵押給某某人和值多少錢的字樣。至於沒有插這種牌子的田地，大半都已因不能按期付還押款或利息而出售，歸爲貴族高利貸者底財產了。農民只要允許他當作租地人仍繼續耕種該地，能得自己勞動生產品的六分之一以維持生活，將其餘六分之五作爲地租交給新主人，那他就謝天謝地了。不僅如此，倘若出賣土地所得的錢，不夠還債，或者要是債務沒有抵押保證，那麼債務者不得不把自己的子女出賣到海外去做奴隸，以償還債權人底債務。父親出賣子女——這就是父權制及一夫一妻制底第一個果實！要是在這種場合之下，還不足以滿足吸血鬼，那麼他只有把債務者自己出賣做奴隸了。雅典人民底文明底光明的曙期，就是如此。

以前，當人民的生活條件尙與氏族制度相適應時，這樣的變革是不可能的；但是現在居然來了，沒有人知道這一變革是怎樣發生的。我暫時再來把易洛魁人考察一下。那種加在雅典人身上而沒有他們參與又確乎違反他們意志的情形，在易洛魁人中間是不可能的。在易洛魁人那裏，年年如斯，永遠不變的獲取生活資料的方法，從不會產生這種外來的衝突，富者與貧者，搾取者與被搾取者間的這種對抗的。易洛魁人距征服自然的地步還是很遠的，但是在他們所能達到的限度內，他們已成了自己生產底主人翁了。要是把他們的小小園圃中底歉收，他們河流湖泊內的魚類底倾竭以及森林中野獸底絕跡不算，那末他們老早就知道在其獲取生活資料的方法之下可以得到什麼結果的。他們知道所得的生存資料，何時會很少，何時會很充足；可是預想不到的社會變革，那時是不可能的，氏族聯繫底破裂，同族人和部落人底分裂而爲互相對立互相鬥爭的諸階級，更是不可能的。生產是在最狹隘的範圍內循環着，不過生產品完全是受生產者支配之下的。這是野蠻人生產底一個莫大的優點，這一優點隨着文明底出現便要失了。最近一後代底任務，就在於把這一優點回復過來，不過已經是在現今所獲得的人類對自然有力支配並在今日已成爲可能的自由結合底基礎上面了。

希臘人情形則不然。已經出現的對畜羣與奢侈品底個人私有，曾引起了各個人之間的交換，將生產物變爲商品了。這便是以後的全部變革底萌芽，惟有在生產者終止其自已直接消費自已的生產物，而開始用交換方法讓渡牠的時候，他們才失去了自已對於牠的支配了。他們已經不知道怎樣處理生產品了，於是便發生了利用生產物以反對生產者，剝削及壓迫生產者的可能性。因此，不論那一個社會，要是不消滅各個人之間的交換，那末牠便不能把支配自已生產底權力及對自已生產過程底社會結果之統制保持得很久的。

自各個人之間發生交換或隨着生產物底轉成商品以後，曾經怎樣迅速地開始出現了生產物支配其生產者底權力——雅典人在其自身的經驗上便體驗到這一點。與商品生產同時，也出現了個人自營的土地耕作，跟着不久個人底土地私有。隨後又出現了一般商品即貨幣，其餘一切商品都可與牠交換了。但是當人們發明貨幣時，他們並未懷疑到，他們同時是在創造一種新的社會力量，統一的有普遍意義的力量，全社會在它的商前都須屈膝。這個新的力量是未經它自身創造者底預知並違犯他的意志而忽然發生的，它以其全部青年時代底粗暴性，已叫雅典人感覺到它的支配了。

怎樣辦呢？古代的氏族制度，不僅無力對抗貨幣底凱旋行軍，而且它也絕對不能在它的範圍以內可找到有貨幣、債權者債務者這些東西立足之地及債務之强制徵收。不過，新的社會力量已經存在着了，回復幸福的舊時代底虔誠願望、意欲，都已經不能把貨幣及高利貸驅出於這個世界之外了。並且卽在氏族制度中已經有了許多別的次要的漏洞，在全部亞蒂加境內特別在雅典本城以內各氏族及大氏族人員相互的雜居，已經是一代厲害一代了，雖然，這時雅典人還能把土地賣給非本氏族底人員，但是，自己的住宅仍是不許出賣的。隨着工業和商務底進一步的發展，各種生產部門——農業、手工業，而在手工業內無數專業，以及商業、航海業等——間的分業日益完全發達起來；住民現在依其職業分成了十分牢固而確定的集團，其中每個集團都有好多新的共同的利益，這種利益在氏族或大氏族以內是沒有存在的餘地的，因之，爲了這種利益底設施，則有創設新官職的必要。奴隸的數量已經大大地增加，在那個時候，大概超過自由的雅典人數很多；氏族制度本不知有奴隸制，所以也不知道怎樣來管轄這批非自由人。最後，貿易的發達，把許多外國人也吸引到雅典來，這些外國人爲了在雅典容易賺錢，就移住在那裏；按照舊制度，外國人也是沒有公權和不受法律保護的，雖受傳統的容忍，但他們究竟是人民中的異族分子。

要之，氏族制度已經走到末路了。社會一天發展一天，超出了它的範圍；甚至在人人眼前所發生的不好的惡弊，它既不能削弱，也不能剷除。那時國家已經不知不覺地發達起來了。由於最初在都市與農村間，然後在種種都市勞動部門間的分業所產成的新集團，爲了衛護它們的利益，則產生了新的機關；各種公職也都設立起來了。除此以外，年幼的國家，首先需有它自備的力量，這種力量在航海爲業的雅典人中間，主要的須是海上力量，方能進行各別的不大的戰爭，並保護商船。在梭倫以前的不知什麼時候，有稱爲諾克拉里（Naukrariai）的小領土區也創設起來了，每部落各有十二個；每一諾克拉里必須置備一艘軍艦，配上武器，派定船員，此外，還須選送二個騎士。這種制度對於氏族制度的分解作用有兩重。第一，它造成了與全體武裝的民衆已不一致的公共權力；第二，它開始不依親族集團而依地域的共同住居，爲了公共目的來劃分民衆了。這有什麼意義，可從下面看出來。

氏族制度對於被榨取的民衆既不能有所援助，那末所留下的便只有新興的國家了。而國家在事實上也給了以援助，它施行了梭倫底憲法，同時又犧牲舊制度以增强自己的力量。梭倫發見了許多所謂政治革命，並且侵犯了財產底關係。至於在紀元前五九四年他所用以完成這種改革的方法，我們在這兒可以不問。迄今以前所發生的一切革命，都是爲保護一種私有財產以反對別種私有財產底革命。它們不侵害別一種私有產，便不能保護此一種私有產。在法蘭西的大革命中，就是爲了拯救布爾喬亞的財產，而犧牲了封建的財產；在梭倫所舉行的革命中，是爲了保護債務者底私有產，以損害債權者底財產。債務只是簡單地被宣佈爲無效了。我們雖不知其詳情，但是梭倫在他的詩中，曾經自誇道：他清除了負有債務土地上的抵押牌子，把爲了債務被賣及逃亡至海外的人都叫了回來。這只有用公然侵害私有財產權的手段才能做到。在實際上，一切所謂政治革命，從頭一個起到末了一個止，都是爲了保護一種私有產並用沒收或者也叫做盜竊別種私有財產而舉行的。所以二千五百餘年來，私有財產所以能保存，只是由於侵害了私有財產權的原故，那是完全不可爭辯的了。

不過，現在設法防止對自由的雅典人底這種奴役的重演是很必要的。爲了此事，首先採用了一般的方法，例如，禁止抵押債務者本人的債務，隨後規定了每個人所能佔有的地面底最大限度，以期稍稍限制貴族對於農民土地底無限貪欲。隨後對於國家制度也加以改變，其值得特別注意者如下：

議事會人數增至四百人，每一部落爲一百人；故在這裏，部落依然當作基礎。不過這是舊制度被新國家所採取的惟一要點。至於其餘的，梭倫把公民按照他們的土地所有及其收入多寡分爲四個階級；五百、三百及一百五十 medimnoi (medimnoi 約等於一•一六 bushels【1 Bushel 等於半斛】)的穀物則爲前面三個階級最低限度的收入額；所有土地少於此數或完全沒有地產的人，全屬於第四階級。祇有前面三個階級底代表者才能充任一切官職；最高的官職只有第一個階級底代表者才能充任；第四階級祇有在民衆大會上的發言權與投票權。不過，在這裏選出一切官吏，在這裏一切官吏關於自己的活動須作報告；在這裏製定一切法律；又在這裏，第四階級則佔多數。貴族的特權，有一部分雖因財富特權底形態而得復活；但民衆仍保有決定的權力。其次四個階級都成爲成立新軍隊底基礎。前面二個階級担任騎兵，第三階級担任重步兵，第四階級担任不着甲冑的輕步兵或在海軍中服務，並且他們的服務恐怕還領餉銀。

這樣，在這裏，在憲法中便加入了一個全新的要素——私有產。國家公民底權利與義務，即按他們土地財產底多寡來規定了，有產的階級既開始獲得了勢力，那末舊的血緣關係的集團就開始被排斥了；於是氏族制度又遭受了新的失敗。

然而根據財產以定政治權利的辦法，並不是沒有它國家就不能存在的這種規定之一。雖然，這種辦法在國家的憲法史上會起過很大的作用；但是好多的國家，而且是最發展的，都是沒有這樣作的。就在雅典，它也不過起了暫時的作用；自亞立斯泰提（Aristides）以後，一切官職的大門已經對每個公民都開放了。

在嗣後八十年間，雅典社會底發展已經逐漸採取了這樣一種方向，即它在以後數百年間所沿以發展的方向。對於盛行於梭倫前一時代的高利貸的土地經營，以及對於土地所有底無限制的集中，都已經設下了限度。商業、及靠奴隸勞動而逐漸大規模發展起來的手工業，與夫精巧手工藝，都成了盛行的謀生職業。人們也逐漸開通了。舊式的殘酷剝削自己同胞的方法，已經棄而不用，如今重要地是剝削奴隸及外來的顧客了。動產，即以貨幣、奴隸、以及商船構成的財富，愈見增加，不過，這時它已經不像在原始的少文化的時代，單單用作購買土地財產的手段，——它已成爲自我目的了。這一方面，以富有的工業家及大商業新階級爲代表，對於貴族底舊的權力造成了一種勝利的競爭，別一方面，便剝奪了舊有氏族制度殘餘底最後地盤。氏族、大氏族、及部落，現在因爲它們的人員，都散布於全亞蒂加，完全混居起來，因之它們也不適於作政治的單位了；雅典公民，大抵不屬於某一氏族；他們是僑民，他們雖取得了公民底權利，但是並未被編入某一舊的氏族聯盟以內；此外，還有一批不斷增加的外來僑民，他們僅享有保護而已。

不過，黨派底鬥爭還是繼續着；貴族想回復他們以前的特權，並且在一個短促期間內曾獲得了勝利，直至克來斯特納斯（Kleisthenes——紀元前五〇九年）革命起來，澈底顚覆他們以及氏族制度底最後殘餘爲止。

克來斯特納斯在他的新憲法中已經抹殺了以氏族及大氏族爲基礎的四個古部落。代替它們的是一種全新的組織，這種組織是以已經用『諸克剌里』所試驗過的只是依據住居地來劃分公民的辦法做基礎。有決定意義的已不是屬於血族團體，而是經常的住居地了；現在加以區分的，不是民族，而是領土；住民在政治上已變爲領土底簡單的附屬物了。

亞蒂加全土曾劃分爲一百個自治的村社的地區——得莫（demoi）。住在每個得莫內的居民，選舉他們的區長（demarches）、會計、以及審判輕微訴訟的三十位審判官。各得莫也各有各的神殿及守護神或英雄，幷選出祀奉他們的僧侶。得莫中的最高權力，屬於居民大會。摩爾根說得對，這是自治的美洲城市公社底一種原型。雅典剛發生的國家開始時所根據的單位，是跟近代國家在它的最高度發展底結果所到達的單位相同的。

十個這樣的單位（得莫）構成一個部落，但是這種部落與舊有的血族部落不同，現在它已叫做地方部落，（Artsstomm）了。地方部落不祇是一種自治的政治組織，而且也是一種軍事組織；它選出一個指揮騎兵隊的非拉爾克（Phylaschos）即部落長，一個指揮步兵隊的塔克西阿爾克（Tapirachos），及一個統率在部落境內徵募來的全部武力的總指揮。其次，它裝備軍艦五艘及船員和艦長，並且亞蒂加某一英雄底名字，以稱呼自己，作爲自己的保護者。最後它選舉五十位代表到雅典議事會中去。

這一切都是雅典國家所完成的。雅典國家是由十個部落所選出的五百名代表組成的議事會來管理的，最後一級是由民衆大會來管理的，雅典每個公民都可出席該大會並享有投票權；此外，有『雅康』（Archons

高級官吏）及其他官吏掌理各部的行政及司法事宜。至於執行權力底元首，在雅典是沒有的。

自實施這個新制度並允許大量的無權居民——半係定居下來的異族人半係被解放的奴隸——以後，氏族組織底各機關，便從社會生活中被排擠丟掉了：它們脫變爲私人性質底團體及宗教社會了。不過，舊氏族時代底道德的影響、因襲的觀點、及思考方法，還在傳統觀念中存在頗久而祇是徐徐消滅了。這表現在以後的國家機關之一上。

我們已經知道，國家底主要的特徵，便是脫離民衆的公共權力。雅典在當時僅握有人民直接補充的民軍與艦隊，用以外抗敵人，內制奴隸，奴隸在當時已佔人口底大多數了。對於公民，這種公共權力起初不過當作警察而已，警察與國家一樣，也是很古的了，是以十八世紀底天眞的法蘭西人不說文明的人民，而說警察的人民（Nations policees）。雅典人跟他們的國家同時，並創辦了警察由步行與騎馬的攜帶弓矢之人——警備隊，如德國南部及瑞士所稱者——組成的眞正憲兵隊。不過，這種憲兵隊是由奴隸編成的。自由的雅典人認爲這種警察的服務是可恥的，所以他們寧願武裝的奴隸逮捕自己，而不願自己幹此種賤事。那還是舊的氏族生活精神之表現。國家如無警察是不能存在的，不過它非常幼稚，還未具有充分的道德的權威可使人對於那前氏族社會人員必然要視爲恥辱的職務，加以尊崇。

在其要點上業已告成的國家，是怎樣地適合於雅典人底新的社會狀態，可拿財富、商業及工業底迅速繁榮，作爲證明。現在社會的及政治的制度於以建立的階級對抗，已經不是貴族與平民間，而是奴隸與自由民，無權居民與公民間的對抗了。在雅典全盛時代，自由公民的總數，連女性及兒童在內，共約為九〇、〇〇〇人，而男女奴隸為三六五、〇〇〇人，無權居民——外國人及被解放的奴隸——為四五、〇〇〇人。

這樣，每個成年的男性公民，至少有十八個奴隸與二人以上的無權居民。奴隸人數之多，是由於好多奴隸於總管監督之下，在一所巨大的工場內一起工作之故。不過，隨着商業及工業底發展而發生了財富底積蓄與集中在少數手中，大批自由市民底赤貧化，自由公民所能走的路祇有二條：一是從事手工業，與奴隸勞動去競爭，但是認為是一種恥辱卑賤職業而不會有大的成功；一是變為窮光蛋。他們走了後面一條路——在當時的條件之下必然如此——他們既為數眾多，所以結果連全雅典國家也使之滅亡了。不過並不是民主制使雅典滅亡了，如諂媚君主的歐洲書齋學者所斷言者，而是造成輕視自由公民底勞動的奴隸制使它滅亡的。

一般說來，雅典人底國家底發生乃是國家形成底一種非常典型的例子，一方面因為它是以純粹的方式發生的，並沒有外來的及內在的暴力行為底任何干涉——庇士特拉妥（Fisistratos）（註）底奪取政權，因其存在很短，並未留下任何痕跡——他方面因為在這裏極發展的國家形態民主共和國是直接從氏族社會中發生的；最後，因為我們充分地知道這一國家形成底一切主要的詳情。

（註）在紀元前六世紀，庇士特拉托奪取了雅典的政權，做了若干時期的所謂暴君，即無限的統治者，死於五二七年——編者。

第六章　羅馬的氏族和國家

從羅馬建國傳中可以看出最初的居民，則爲許多聯合而成爲一個部落的拉丁氏族（據說有一百個；）後來加入一個薩柏力安(Sabellian)部落，似乎也是一百個氏族；最後又加入由各種份子構成的第三個部落，據說也有一百個氏族，全部故事，粗粗一看，證明除氏族外，這裏並沒有自然形成的就是氏族在若干場合之下，也不過是在故土上繼續存在的原始氏族底一支族而已。各部落還留有人工構成的痕跡；不過，它們大半是由親族份子並且不是按照人工造成的部落而是按照自然發生的古部落的原型而造成的；而且，也許有一個眞正的古部落曾作了三個部落中每一部落底基本核心，也不是不可能的。中間環節——大氏族，是由十個氏族組成的，叫做庫里亞(Curia)；因此，共有三十個庫里亞。

公認羅馬氏族是與希臘氏族相同的一種制度；要是希臘氏族是我們在美洲印第安人中間見到原始形態的那種社會單位底進一步的發展，那末這對於羅馬氏族，也可以完全適用的。因此，我們在這裏可簡單地說一說。

羅馬的氏族，至少在該城最古的時代，有着如下的制度：

（一）氏族人員相互繼承底權利；財產仍保留在氏族以內。在羅馬氏族裏面，像在希臘氏族裏面一樣，已經行着父權制，所以，女系底子孫已經排斥在繼承以外了。據我們所知道的最古的羅馬法律底成文古物即十二銅表，首先是子女當作直系繼承人繼承財產；要是沒有子女，則由『阿格納蒂』（Agnati——男系的親族）繼承；倘若連『阿格納蒂』也沒有，則由同氏族人繼承。在無論何種情形之下，財產都是留在氏族以內。在這裏，我們見到了一種因財富底增加及一夫一妻制所產生的新的法律標準已經逐漸侵入氏族習慣了。一切同氏族人員底本來平等的繼承權，最先在實踐上只限於『阿格納蒂』——如前邊所說的在很早的時期——後來，再限於親生子女及其男系的子孫；這在十二銅表上不用說是相反的次序。

（二）墓地底共有。叫做克羅狄亞（Claudia）的貴族氏族，當由勒吉利（Regilli）移住到羅馬時，曾領得了一塊土地，並在城內領得了一塊的公共墓地。在奧古斯都(Augustus)時代在推託部革森林（Tentoburger Wald）被殺的未拉斯（Varus）底首級，運到羅馬，即埋在 gentilitius Tumuls （氏族墳園）可見他的氏族（Ouinctilia） 還有獨特的墓地。

（三）共同宗教節日。這種 sacra genilitia 是衆所週知的。

（四）在氏族內不得通婚。這在羅馬似乎從未成爲一種成文法，但依然是習慣。在名字保存到今日的巨量的羅馬人夫妻中，夫妻氏族名字相同的沒有一對。繼承權也證實了這一成例。婦女出嫁後就喪失了她的男系親族的權利，而退出了本氏族；不論他或她的子女都不能繼承她的父親或父親底兄弟，因爲不是這樣的話，父親氏族底遺傳的一部分就會喪失去掉的。這祇有在女子不許嫁給同氏族人的前提下，才有意義的。

（五）土地共有。這在原始時代，自部落所有的土地實行分配的時候起，是常有之事。在拉丁各部落中間，我們看到，土地一部分爲部落所有，一部分爲氏族所有，一部分爲個別農戶所有，那時個別農戶尙未成爲個別家族。相傳羅繆拉斯（Romulus）才頭一個把土地分給各個人，大約每人一公傾（二Jugdra）。但是以後我們仍見有土地握在氏族手中者，至於共和國全部內部歷史環繞着的國有土地，自不必說了。

（六）同氏族人互相保護及互相扶助底義務。成文歷史僅告訴我們以此事底斷片；羅馬國家，從最初起就以防禦侮辱與非正義的這種優越力量出現於舞台。當阿批烏斯·克勞第烏斯（Appius Claodias）被捕時，他的全氏族，甚至連那曾是他個人仇人的人，都爲他服喪。在第二次布匿（Punic）戰爭（註）時，諸氏族都聯合起來，設法贖回他們的被俘虜的同氏族人，元老院則禁止此事。

（註）羅馬與北非通商城市哈法根的戰爭，叫做的「布匿戰爭」。第二次「布匿戰爭」係發生於紀元前三世紀（二一八——二〇一年）——編者。

（七）用氏族名字的權利。這一直保持到帝國時代爲止；被釋放的奴隸，得用他們從前的主人底氏族名字，但是並未得到氏族的權利。

（八）收容異族人入氏族的權利。其方法是先由某一家族（如印第安人所行者）收爲養子，卽算編入氏族。

（九）關於選舉幷罷免首領的權利，任何地方都沒有說及。不過，在羅馬存在底第一時期，從選舉的王起，一切官職既都由選舉或任命的，同時，庫里亞底僧侶也既由庫里亞選舉的，那末我們可以此推測，氏族底首長(principes)一定也是如此的，雖然從氏族內同一家族選出的辦法已經成爲慣例了。

羅馬氏族的權利，便如上述。除過業已完成的改行父權制一點以外，它們準確地複製了易洛魁氏族底權利與義務，在這裏『易洛魁人一目了然地出現了』。

甚至在現代最著名的歷史家中間，關於羅馬氏族制度的概念是如何混亂，我們可舉一個例子作爲證明。在蒙森(Mommsen)的關於共和時代和奧古斯都時代羅馬固有名字的著作（羅馬研究——Romische Forsehungen, 1864, Vol.I.）中，有着以下的話：『除過男性的一切同氏族外——氏族所收容的養子及受它保護的人數包括在內，但奴隸當然除外——氏族的名字並普及於婦女。……部落(Stamm——蒙森把此字譯爲gens)則爲一個集團，此種集團起源於一個共同的——眞實的，或假定的或甚至虛構的——祖先，爲共同的節日，葬地，及繼承慣習所團結起來，一切人格自由的個人，以及婦女，都可以而且必須算在該集團以內。所困難者，惟出嫁婦女底氏族名字氏確定一事而已。當婦女可以嫁給本氏族底人員時，這一困難自然是不會有的；我們知道，在一個長久的期間，婦女嫁給氏族以外的人，比嫁給氏族以內的人要困難的多，在氏族以外結婚的權利即 gentis Enuptio，即可作爲證據，到第六世紀，此種權利，還贈與作爲個人的特權。……不過，在已有這種族外結婚的地方，婦女在最古的時代，似乎就要轉入夫方底部落裏面去的。毫無疑義的，婦女因古代宗教的婚姻，要加入夫方底法律的及宗教的村社，而脫離她自己的村社。誰不知道出嫁的女子在本氏族內失掉了積極的與消極的繼承權，而加入與自己的丈夫、子女及他的同氏族人的世襲團體呢？假使她被丈夫收爲養子而加入他的家族，那末她怎能對他的氏族仍成爲無緣的呢？』（九——一一頁）

這樣，蒙森主張，屬於某一氏族的羅馬女子，本來是可以在她們自己的氏族以內結婚的，因之羅馬的氏族是族內婚，不是族外婚。這一見解，是跟關於其他一切民族的這一點所知道的相衝突的，它雖不是完全但主要地是根據李維（Livy）著作中唯一而引起好多爭論的一節而來的（第三十九卷第十九章），依照這一節文字，元老院於羅馬曆五六八年即耶穌紀元前一八六年曾議決 uti Feceniae Hispallae dtaio, deminutio, gentis enuptio, tutoris optio idem esset quasi ei vir testamento dedisset; utique ei ingenuo nubere liceret, neu quid ei qui eam duxisset ob id fraudi ignominiaeve esset——即說：費凱尼亞·歇斯巴賴(Fecenise Hispalla)有處理她的財產、減少她的財產、嫁給氏族以外的人、給自己選定保護人的完全的權利，要是她的（亡故的）丈夫遺囑把這個權利交給她的話；又說她得嫁給一個完全平等的人，不能認爲娶她爲妻的人是犯了不好的或可恥的行爲。

毫無疑義的，在這裏允許一個被解放的奴隸費凱尼亞有在氏族以外嫁人的權利。又同樣毫無疑義的，由此可知，丈夫亦有權可用遺囑允許其妻於他死後有嫁給氏族以外之人的權利。但是在哪一個氏族以外呢？

假若如蒙森所推測的，婦女必須在自己的氏族以內嫁人，那麼她於出嫁以後仍是留在該氏族以內的。不過，第一，這個關於氏族內結婚的斷言，尚待證明。第二，假若女子必須在自己的氏族以內結婚的話，那麼，自然而然的，男子也當如此，因爲不如此他便找不到妻了。可是我們從前邊所說的知道，丈夫得用遺囑將他自己所未有的權利交給他的妻；這從法律上的見地說來是毫不可能的事情。蒙森也感覺到了這一點，所以他又作了如下的推測：『氏族以外的結婚，在法律上大概不僅需有權者底同意，而且需有全體同氏族人底同意。』（一〇頁註）這第一是一個非常大膽的推測；但是第二，它是跟上邊所引底一節明瞭的語意相矛盾的；元老院代替她的丈夫，把這個權利交給她了，它給於她的，比她的丈夫能給與她的，既不多也不少，但是它給了她以與其他一切任何限制的沒有聯繫的絕對權利，所以她若利用這個權利，那她的新夫也不致於爲此受到損害了；元老院甚至訓令現在的及將來的執政官（Consuls）與大法官（Braoters）要注意不要因她使用這個權利而對她發生任何不快之事。這樣，蒙森的推測是全然不能成立的。

或者是婦女嫁給別個氏族底男子，而她仍留在她自己的以前的氏族以內。但是照上述的一節文字看來，她的丈夫有權利可以允許他的妻在她自己的氏族外結婚。這是說，他有權可以處置他全然未加入的那一氏族底事務了。這是一種荒謬絕倫的事情，所以，我們不需再囉囌了。

因之所剩下的，只有這樣一個推測，卽婦女第一次結婚，係嫁給別個氏族底男子，從此便無條件地轉入夫方底氏族，如蒙森事實上對於這些場合所主張者。這樣，一切相互關係就立刻明白了。婦女出嫁之後，便跟她的舊氏族脫離關係，而加入夫方底新的氏族團體，她在新的氏族團體中佔着一個完全特殊的地位。雖然她也是氏族底一員，但是她跟牠不是由血緣親族關係聯繫起來的；她的加入底本身性質，把她早先就從她因出嫁而加入的氏族內不許通婚的一切禁例中除外了；再則，她加入氏族底婚姻團體中，在丈夫死亡時，可以繼承他的財產，即一個氏族人員底財產。這樣，為了保存財產於氏族以內，她須嫁給前夫底同氏族人而不得嫁給他人，豈不是最自然也沒有的事嗎？要是有例外發生，那末除了把這份財產遺給她的第一個丈夫之外，試問誰有權能使她這樣作呢？在他把一部份財產交給她，而同時允許因結婚或由於結婚把這一部分財產交給別一氏族的一瞬間，這份財產仍是屬於他所有的；因之他就可以直接了當地處分他的財產了。至於妻本人及她對於夫方氏族的關係，那末丈夫以其自由意志底行為——結婚已使她加入他自己的氏族了；所以，他有權令她得第二次結婚，退出這個氏族，同樣，也是自然而然的事。要之，祇要我們一拋棄羅馬氏族底族內婚的奇妙觀念而與摩爾根在一起承認它本來就是族外婚的氏族，那麼問題就很簡單而很明白的了。

還有最後一個推測，它也有好多人主張的，照他們講，上述李維的一節文字不過是說：『被解放的女奴隸（Libertae）沒有特別的許可，不得在氏族外結婚（e gente enubere），也不得有某種其他行為以致隨着家族權利底喪失（capitis deminutio minima）而使 Liberta 退出氏族團體』。（朗格的羅馬的古代人——Lange, Romische Altertumer, Berlin. I. P. 185, 該書係為了上述李維的一節特引用胡栖凱——Huschke——的話以解說。）如果這一推測是正確的話，那麼這一節文字，關於平等的羅馬婦人底地位，更沒有證明什麼；至於說她們只能在氏族以內結婚的義務，尤其是沒有理由了。

enuptio gentis（在氏族以外的婚姻）這種字樣，祇有在李維的這一節中發現，此外，在全部羅馬文獻中再沒有遇見過；enubere（與旁人結婚）這個動詞同樣也祇有在李維著作中發見三次，並且對氏族是無關係的。彷彿說羅馬婦人只能在氏族以內結婚的幻想，就是由於這一節文字發生的。不過，這一幻想是絕對不值得加以批評的。在事實上，或者是這一節只是說到被解放的女奴隸底一種特殊限制，如是，對於自由的婦女(ingenuae)便沒有證明什麼了，或者是它亦可應用于自由的婦女，那麼它倒是證明婦女通例是嫁於氏族以外的人的，在出嫁以後，她便轉入夫方底氏族，因之蒙森所說的是不對的，而摩爾根所說的是對的了。

差不多在羅馬建國（註）後的三百年間，氏族的約束還是非常堅固的，一個貴族氏族亦即費邊(Fabians)氏族，得元老院底許可，即可用自己的力量討伐鄰近的維愛(Veii)城。據說有三百〇六個費邊人上陣，爲伏兵所殺；僅剩下了一個唯一的活的男孩，延續了這個氏族。

（註）即紀元前五世紀——編者。

我們已經說過，十個氏族構成一個大氏族，大氏族在這裏叫做『庫里亞』，而有着比希臘大氏族更重要的職能。每一『庫里亞』各有各的宗教儀式，禮拜及僧侶；全體僧侶則構成羅馬僧侶集團之一。十個『庫里亞』構成一個部落，與其餘的拉丁部落一樣，這個部落起初大概有它自己選舉的首長——軍事首長兼最高僧侶。所有三個部落合在一起構成羅馬民族，即 Populus Romanus。

這樣，屬於羅馬民族的人，須是氏族的人員，並經過自己的氏族，須是『庫里亞』及部落底人員。該民族底最初的社會制度如下：公共事務是由元老院掌理的，元老院，如尼布爾(Niebuhr)所最先正確的敘述的一樣，是由三百個氏族底首長組成的；因此之故，他們都是氏族底長老，故他們被稱爲父（patres）而他們全體則被稱爲元老院——（長老議事會由 Senex ——老者一詞而來的。）氏族首長總是從氏族同一家族中選出的習慣，在這裏也造成了最初的部落貴顯。這些家族被稱爲貴族（patricians），而窺視加入元老院的專有權及充任其他一切官職的權利。民衆隨着時代的進展，便默認了這個要求，因之這些要求也就爲有效的權利了，這個事實，在關於羅繆拉斯（Romulus）給最初的元老院議員及其子孫賜以貴族身分及其特權的傳說中，獲得了證明。元老院，如雅典的部爾（boüle）一樣，在許多事情上有着決定權，並事先討論較重的事項，尤其是新的法律。這些新的法律，然後再由叫做 comitia curiata（庫里亞大會）的民衆大會予以通過。民衆集會時按『庫里亞』分組，在『庫里亞』內大概依氏族分組，在表決問題時，三十個『庫里亞』各有一權。『庫里亞』大會通過或否決一切法律，選舉一切高級官吏，連所謂帝王（rex）者在內，宣告開戰（但元老院講和，）又以最高法院資格，解決各方面在羅馬公民被判死刑一切場合下的上訴。最後，與元老院及民衆大會並行的，尚有一個『勒克斯』（rex），他與希臘的巴西留斯（basileus）相當，決不是差不多專制的帝王，如蒙森所述者（註一）。『勒克斯』也是軍事首長，最高僧侶及若干審判上的代表者，他決沒有握有民政方面的權利，也決沒有握有處理公民生命、自由及財產的權力，因爲這些權力都不是從軍事首長底紀律權力或法庭審判長執行判決底權力中發生的。『勒克斯』底職位不是世襲的；反之，他起初大概是由前任『勒克斯』底提議，經『庫里亞』大會選出，然後再召集第二次大會正式就職。他也是可以被罷免的，塔克文尼阿斯·蘇必布斯（Tarquiniu Superbus）

底命運，便是證明（註二）。

（註一）拉丁語的 rex，等於克勒特愛爾蘭（Celtic-Irish）語的 righ（部落長）及哥德（Gothic）語的 reiks；Reiks 一語本來像日耳曼語的 Furst（與英語的 First，丹麥語的 Förste 相同都是第一的意思）一樣，係氏族長或部落長之意，這可由哥德人在第四世紀對於後世底國王即全體人民底軍事首長已有特別名詞 thiudans 一事可以看出來。在烏爾費拉（Ulfila）所翻譯的聖經中，從不把 Artaxerxes 及 Herod 叫做 reiks，只是叫做 Tthiudans，把 Tiberins 皇帝底國不叫做 Reiki 而叫做 Thiudinassus。哥德語 Thiudans 或像我們未確切翻譯的國王 Thiudareik（Theodoric）即日爾曼語 Dietrich 名字，把這兩個意思合併而為一了。

（註二）傳說乃羅馬的最後一個帝王，於紀元前五一〇年被逐。——編者。

如英雄時代的希臘人一樣，所謂帝王時代的羅馬人，曾實行一種軍事民主主義，這種軍事民主主義是以氏族、大氏族、及部落為基礎並由牠們發展起來的。『庫里亞』及部落雖半係人工組成的，但它們都是按照它們所由發生並且還在各方面包圍着牠們的那種真正的天然發生的社會模型而造成的。是的，天然發展起來的 Patrician 貴顯已經獲得了牢固的基礎，帝王們力謀徐徐地擴張他們的權勢，但是一切這些並未改變社會制度底根本性質，問題底全部本質也就在這個基本性質中。

其間羅馬城市及因征服而日益擴大的羅馬領土底人口日益增加了；這一增長半由於新來的移民，半由於被征服區域——大都是拉丁各區的——底住民而來的。一切這些新的公民（關於被保護民 clients 的問題，這裏暫不論述，）都立於舊的氏族，『庫里亞，』及部落以外，從而未構成 Populus Eonaus 即原有羅馬民族底一部分。他們在人格上是自由人，得佔有土地財產，並須納稅和服兵役。但是他們卻不能担任任何官職，既不能參加『庫里亞』大會，又不能參與被征服的國有土地底分割。他們構成被剝奪了一切公共權利的 plebs（平民。）由於他們人數繼續不斷的增加，由於他們軍事的訓練及武裝，他們卻成爲一種與如今牢固地防備外來一切增加的舊 populus 對抗的可怕的力量了。加以土地似乎曾是差不多平均分配於 populus 與平民之間，而商業與工業的財富，（雖然還不十分發達，）大半也是握在平民手中。

因爲漆黑的愚昧，籠罩了全部傳說的上古羅馬歷史，而且這一愚昧又被後世受過法學教育的著作家——他們的著作即作了我們研究的材料來源——底唯理實用主義的解釋企圖與報告，更加增劇，所以關於結束古代氏族制度的革命之時代，行程與原因，不可能說出任何確實的東西來。但是只有一點是無疑的，即革命底原因是起源於平民與 Populus 間的鬥爭。

據說由塞維·塔力阿（Servius Tullius）帝所制定並依照希臘榜樣特別是梭倫榜樣所制定的新制度，曾創設了一個新的民衆大會，參加該大會或除外，不分 Populus 或平民，祇問是否担任兵役而定的。凡服兵役的一切男性人口，曾按照其財產分爲六個階級。前五個階級中每個階級底最低財產爲：（一）一〇〇、〇〇〇阿司（ass）（二）七五、〇〇〇阿司；（三）五〇、〇〇〇阿司；（四）二五、〇〇〇阿司；（五）一一、〇〇〇阿司；據都羅·得拉馬爾（Dureau de la Malle）說，這些數目大約相當於一四、〇〇〇，一〇、五〇〇，七、〇〇〇三、六〇〇及一、五七〇馬克。第六階級，爲普羅列塔利亞，是由那些財產更少而免除兵役及租稅者組成的。在新的『森都里亞』民衆大會(comitia cernturiata)上，公民是按軍隊方式編制的。每個『森都里亞』爲一百人，而且每一『森都里亞』有一票表決權。不過，第一階級出八十個『森都里亞』，第二階級出二十二個，第三階級出二十個，第四階級出二十二個，第五階級出三十個，而第六階級爲體面計，也出一個。此外，由最富裕的公民中募集成的騎士出十八個『森都里亞』；合計起來，共有一百九十三個『森都里亞』；過半數爲九十七票。現在單單騎兵及第一階級兩者合計已有九十八票，卽佔大多數；祇要他們一致，就不徵得其餘階級的同意，也可以通過決定了。

以前『庫里亞』大會底一切政治權利（僅有少數名義上的權利除外，）現在都移交這個新的『森都里亞』大會了。『庫里亞』及構成它們的各氏族，因之，像在雅典一樣，也降爲簡單的私人的及宗教的團體，並且這樣地苟延殘喘了好久，但是『庫里亞』大會不久就完全消滅了。爲了從國家中剷除三個舊的氏族部落，曾按居住地設立了四個部落，其中每個分佔城市的四分之一地，並有許多政治的權利。

這樣，尙在所謂王政廢止以前，羅馬的基於個人血統關係的古社會制度便破壞了，一個新的以領土區分及財產差別爲基礎的眞正的國家制度起而代之。在這裏，公共權力是集中在有服兵役義務的公民手中，這一權力不僅是被用以反對奴隸，而且被用以反對不許服兵役及被剝奪武裝的所謂普羅列塔利亞。

當篡竊了眞正王權的最後一個帝王塔克文尼阿·斯蘇必布斯被逐，並用兩個有同等權力如易洛魁人所有者的軍事首長（consuls）代替帝王以後，這個新的制度才得了進一步的發展。——羅馬共和國底全部歷史及其貴族與平民間爲了充任官職與參加國有土地使用底全部鬥爭，與夫貴族顯宦底終於溶化在大土地佔有者及貨幣巨頭新階級中，都是在這個新制度底範圍以內發展起來。這種大土地佔有者和貨幣巨頭逐漸吞沒了因兵役而致荒廢的農民土地，役使奴隸去耕種因此而發生的廣大莊園，——使意大利十室九空，人烟稀少，因之，不僅給皇帝政權，而且給了它的後繼者——日耳曼蠻人開闢了一條大道。

第七章　克勒特人及日耳曼人底氏族

對於今日尚在各種蒙昧與野蠻民族中間，以多少純粹形態存在的氏族制度，或其在亞細亞開化民族古代歷史上所留的痕迹，因限於篇幅，不能加以詳細地考究。不論這種或那種，兩種到處都可以遇到的。玆試舉數例於下：尚在認知什麽是氏族以前，曾爲了不了解它而費了最大努力的麥克・林南，就證明了卡爾馬克人(Kalmucks)、塞加西安人(Circpssians)、薩摩耶人(Samoyeds)以及三個印度民族——華拉耳人(Warals)、馬格爾人(Magars)、莫尼坡爾人(Munnipurs)等底氏族制度的存在，並且在大體上很正確地敍述了它。不久以前，科瓦列夫斯基(M. Kovalevsky)也發現了並記述了北蕭胡人(Pshavs)、顯胡酥人(Shevsurs)、斯伐納人(Svanets)及其他高加索部落底氏族制度。在這裏，我們只限於關於克勒特人及日耳曼人底氏族底存在，加以若干簡短的解釋吧。

今尚保存的最古的克勒特人的法律，給我們指出氏族還是充滿生活的。在愛爾蘭，當英吉利人用暴力摧殘它以後，卽在現今它至少還本能地生活於民衆意識之中；在蘇格蘭，在十八世紀中葉它還處於全盛時代，在這裏它也是被英吉利人底武器，立法與法庭所消滅了。

在英吉利人征服以前數世紀，至遲在十一世紀所制定的古代威爾斯法律，指出了整村還實行共同耕地的辦法，雖然這祇是一種早年流行很廣的習慣的稀有遺物；每一家族有供獨立耕作的五英畝（acre）地；此外另有一塊共同耕作分配收穫物的土地，即使對威爾斯法律底重新檢查——我沒有時間去作（我的摘引是一八六九年的）——直接不能證實這一點，但就愛爾蘭及蘇格蘭類推，毫無可疑的，這種村社則是一種氏族或氏族分支。但是威爾斯以及愛爾蘭的材料都直接證明，到十一世紀克勒特人底對偶婚實還沒有被一夫一妻制所排斥。在威爾斯，婚姻滿七年之後，便不可解除或正確些說，不能預告它的廢止了。倘使距七年僅僅只差三夜，夫妻還是可以分離的。那時財產便分掉：妻主持畫分之事，夫則選取一份。家具是按一定的非常有趣的規則畫分的。如果由夫提出離婚時，即他須將妻的結婚禮物及其他若干物件還給她；反之，如果由妻提出離婚時，她便少得一點。如有三個子女，夫取其二，妻取其一，即第二個。妻若在離婚之後另外結婚，而她的前夫要求她復歸時，即使她的一脚已經踏上新夫的床，也須順從前夫的要求。但若二人業已同居七年，即使以前並未正式結婚，他們也可成為夫妻。在結婚以前，少女底貞操決不嚴格遵守，也不要求這點；關於這一點的規則，具有非常輕佻的性質，是與資產階級的道德完全不相適應的。妻犯通姦時，夫可以毆打她（係三種場合中之一種，這是允許他的，在其他場合之下他要受罰的），但是這樣以來，他再不能有要求其他滿足底權利了；『對於同一罪行，或是要求賠償，或要求報復，但兩者同時不得兼行。』凡使婦女可以提出離婚而在分析財產時她的權利不受絲毫損失的原因，是非常廣汎的：只要丈夫口有臭氣就夠了。為贖回初夜權而付給部落長或王的贖金（gobr merch，中世紀的 Marcheta 一名稱，法蘭西語 marquette 就是由此來的）在這部法典上起着很大的作用。

婦女在民衆大會上享有投票權。除此以外，在愛爾蘭，已經證明也有類似關係底存在；在那裏，一時的婚姻也十分通行，在離婚時，妻保證有精密規定的很大的特權，甚至她的家務工作亦得要求報酬；此外，在那裏還有『正妻』與其他妻並存之事，無論是嫡出子或私生子，在分析遺產時，並無差別，這樣，我們看到這是一幅對偶婚底圖景，與這種對偶婚比較起來，北美印第安人的婚姻形態似乎太嚴格了，不過那在凱撒時代還過着羣婚生活的民族，在十一世紀有這種情形，實不足爲奇的。

愛爾蘭氏族（卽 Sept; 部落稱爲 Clainne, Clan）底存在是千眞萬確的，不僅古代法典，卽十七世紀爲了把氏族土地改爲英王領土而派到愛爾蘭去的英吉利法學家，關於它也有所記述。在十七世紀之前，僅除了已由首領變爲私有的以外，土地乃是氏族底共同財產。當氏族某人死亡、從而一戶消滅的時候，氏族長（英吉利法學家名之爲 caput cognationis）便把全部土地重行分配於其餘各戶。這種土地的分析在大體上，大概是依照日耳曼所行的規則。卽在今日，有些地方，還可以遇見所謂『朗得爾』(Rundales) 村田，在四五十年前，此種村田很多。單個農民，將以前屬於氏族共有而以後被英吉利征服者所侵佔的土地租得一塊，交納租金，從事耕種，但他們將其地段底耕地和草地合併起來，按照地位及土性分爲各個組——"Gowanne"，如日耳曼莫綏爾（Mosel）河地方所稱者，每人在每組中各佔一份；池沼及牧場歸公共使用。在五十年前，時時有時每年實行重新分割一次。這種『朗得爾』村落的境界，情景看去極似莫綏爾河或赫喜華而特（Hochwald）底日耳曼人的某種土地村社（Gehöferschaft）。氏族也在 "faetions"（幫）中繼續生存着。愛爾蘭的農民，往往根據外形底差別分成各種幫，這種差別是極端背理或妄誕，而爲英吉利人所全不了解的；此等幫除了人人喜看的盛大的相互械鬥以外，似乎別無任何目的了。這是消滅了的氏族底人工的復活，新式的代用物；它別緻地證明了遺傳的氏族本能底健在。此外，在有些小地方同氏族人還在他們舊有的領土上住在一起；比如在一八三〇年代，摩那安（Monaghan）伯爵治邑底住民，共大多數一共祇是由四個大氏族構成，換言之，即起源於四個氏族或clans（註）。

（註）一八九一年第四版註解。在經過愛爾蘭的數日間，我更明瞭地意識到，鄉村居民還是如何深刻地在氏族時代底觀念中過着生活。農民向之租地耕種的地主，對於農民還儼如爲一般人利益而管理土地的氏族長；農民以租金方式向他納貢，但遇困難時須求助於他。該地並認爲一切富裕的人，當他的不大殷實的鄰人有急需時，須幫助他們。這種幫助並不是慈善，依照法律它是氏族底富有者或氏族長所應給予不大殷實的同族人者。經濟學家及法學家關於現代資產階級私有產概念不能注入愛爾蘭農民的訴苦是一目了然的；只有權利而無義務的私有產概念，簡簡單單地是不能灌輸到愛爾蘭人頭腦中去的。同樣很明白的，具有這樣質樸的氏族制度觀念的愛爾蘭人，忽然投身於英國或美國的大城市，落在一個道德觀念與法律觀念全然不同的人羣中，因之，他們對於道德及法律的問題，便混亂起來了，他們喪失了一切定見，而往往大批地作完全墮落底犧牲品了。

在蘇格蘭，氏族制度是隨着一七四五年起義底壓服而滅亡的。至於蘇格蘭的『克蘭』（clan）爲這一制度底哪一環節，尚不明瞭；但是它爲這樣一個環節，卻是無疑的。在窩爾忒司各脫（Walter Scott）的小說中，我們可以看到，關於蘇格蘭高地的這種『克蘭』有着生動的描寫。摩爾根說這種『克蘭』，『就其組織與其精神講，乃是氏族底最好的模型氏族生活支配氏族人員底顯著實例。……從他們的軋轢及復仇上，從領土按「克蘭」的分析上，從他們的村有土地使用上，從「克蘭」人員對於首領及相互的忠實上，我們處處都可以看出氏族社會底重新出現的特點。……血統是按男系計算的，故男子底子女仍留在「克蘭」以內，而婦女底子女則轉入他們的父親的「克蘭」了。』不過，以前在蘇格蘭，曾行過母權制，據柏達(Beda)講，批克脫(Picts)王室姓氏就是依照女系繼承的，此事卽是證明。不但如此，卽『普那路亞』家族底遺跡，在威爾斯人以及在蘇格蘭人中間，以初夜權底方式，一直保存到中世紀爲止，那時，要是初夜權沒有贖過的話，則『克蘭』之長或王，當作從前的共夫的最後代表者，對於每個新娘，得行使這權。

日耳曼人，直至民族大遷徙(註)爲止，曾組織在氏族以內，那是不可置疑的。他們還是在耶穌紀元前數世紀，才佔據了多瑙河(Danube)、來因河(Rhine)、維司杜拉河(Vistula)及北海一帶間的地域；辛布蘭人(Cimbri)及條頓人(Teutons)那時還只是遊牧人，而蘇埃比人(Suebi)只是到凱撒時代才牢固地定居下來。凱撒關於蘇埃比人曾確定地說道：他們是以氏族及親族集團(gentibus cognationibusque)移植的；而在朱里亞(Julia)氏族中的一個羅馬人口中，gentibus這個名詞有着完全確定和不可爭辯的意義。這對於全體日耳曼人亦是如此，甚至在已經征服的羅馬的各省中，他們似乎還分成氏族移住的。從阿勒曼尼(Alemanian)

法典中可以證實該民族曾以氏族(Genealogiae)組織移住於多瑙河以南的征服地上。這裏使用genealogiae一語，正與以後來Mark——或村社的意義相同。不久以前科瓦列夫斯基有一種見解，謂這種genealogiae是一種巨大的大家族，牠們之間分析了土地，村社只是後來由它發展起來的。勃艮第安人（Burgundians）、蘭哥巴帶人（Langobards）、從而哥德部落和赫米諾尼安（Hemminonian）部落或高地日耳曼部落底Fara一詞，亦是如此；此語含意與阿勒曼尼人法典上的genealogiae一語，雖不是完全相同，却也相差無多的。不過究竟是氏族還是大家族，留待以後再研究吧。

（註）民族大遷徙，發生於紀元前第四世紀下半期到第六世紀。——編者。

全體日耳曼人有否表示氏族的共通名詞，這一名詞又是什麼，言語底紀念物關於這個問題，並未給我們以肯定的答案。在語源上，哥德語的kuni，中部高地日耳曼語的künne，是與希臘語的Genos，拉丁語的gens相適應的，而且是在相同的意義上使用此字的。『女性』一名稱，是從希臘語gyne，斯拉夫語Zêna，哥德語quine，古代斯干狄那維亞語Kona, Runa語根來的，這指出了母權制時代。在蘭哥巴帶人及勃艮第安人中間，已如前述，我們看到有格里牧（Grimm）從假定的語根：fisan（產生）所引伸的fara這個名詞。我寧願以更明瞭的faran（馳驅、遊牧，返回之意）一字來源爲出發。Faran係表示遊牧大隊（不用說差不多只是由親族構成的）底一定部分，這個名詞在好多百年起初到東，然後又到西的漂泊期間，就漸漸地被應用到氏族本身上來了。其次，更有哥德語的Sibja，盎格魯撒克遜語的Sib，古代高地日耳曼語的Sippia, sippa，都是氏族（sippe）的意思。古代斯干狄那維亞語中，僅有複數的 sijar （親族之意）一語；其單數祇是用作女神底名字 Sif。

最後在喜爾得布蘭歌（Hildebrand Song）中還發現別的一個名稱，卽在喜爾得布蘭問哈特勃蘭（Haiubrand）的地方：『在民衆中的男性中間，誰是你的父親……或者你是那一氏族』？(eddo huellihhes cnuosles cusis）要是大體說來，日爾曼語曾有表示氏族的共通名稱，那末顯然的它是按哥德語發音的 Kuni 了；這不僅因爲它與相適應的親族語的名詞相一致，而且因爲 Kuning（王）——最初係氏族長或部落長的。sibja 意思——一詞是由它起源的。（親族之意）似乎不須考慮了；至少在古代斯干狄那維亞語言中，Sifjar 不祇表示血統的親族，而且表示姻戚者，卽它至少包括兩個氏族底人員；所以，sif 這一名詞本身就不能作爲表示氏族的名稱了。

像墨西哥人和希臘人一樣，日耳曼人底騎兵隊及楔形步兵縱隊在戰鬥程序上，都是按氏族團體編制的；塔西佗曾說『按家族及親族集團』云云，這個不確定的用語，可用如下的事實來說明，卽當他那時候，氏族在羅馬早已不復是有生氣的團體了。

塔西佗有一節文字，却有決定的意義，該處說：母親底兄弟把他的外甥看做他的兒子；有些人甚至認爲母方叔父與外甥的血的紐帶，比父子之間的更要神聖而密切，所以當要求以人做抵押品時，姊妹底兒子，比起那在受約束的人底自己的兒子，被認爲更好的保證，在這裏，我們看到了母權制的因而原始的氏族底活生生的殘餘，並且爲日耳曼人特有的一種東西(註)。假使這種氏族人員把他的兒子作爲某一義務底抵押品，而這個兒子因父親違背契約而作了犧牲品，那末這也不過是父親自身的事情。但是要是所犧牲者爲姊妹底兒子，那末這就算侵犯了最神聖的氏族的權利；少年或青年底最近親族，負有保護他的義務，結果便成了他的死底罪人；這位親族或是不應把少年作爲抵押，或須履行契約。如果我們再不能發現日耳曼人底氏族制度底其他任何痕迹，那麼就祇這一節也可成有力的證據了。

(註)就其性質說，母方叔父與外甥間的特別密切的聯繫，係起源於母權制時代，而在好多民族中間都可看到，希臘人只是從英雄時代的神話中知道這一聯繫的。據帶奧多刺斯(Diodorus)(第四卷三十四)麥勒格羅斯(Meleagros)殺死他的母親阿爾提亞(Althaea)底兄弟——忒斯蒂烏斯(Thestius)底兒子們。阿爾提亞認爲這種行爲是不可寬宥的犯罪，竟咒詛兇手——她自己的兒子而祈求他死。「據說神們答應了她的願望，結束了麥勒格羅斯底生命」。又據帶奧多刺斯說(第四卷，四十四)在希拉克勒(Herakles)率領下的阿哥遠遊隊(Aagonaot)等在色雷西(Thracia)上陸，在那裏發見菲內斯(Phineus)這個人，聽了他的新妻子的教唆，虐待他的被逐的前妻——波里阿特家之克來奧巴特拉(Boread Kleopatra)所生的兩個兒子。但在阿哥遠游隊中間，也有波里阿特家的人，即克來奧巴特拉底兄弟，也就是被虐待者底母親底兄弟。他們立刻保護他們的外甥，釋放他們，殺死看守者。

古代斯干狄那維亞的("völuspâ")歌，即『神們之薄暮』與『世界之沒落』中有一節，因爲是八百年後的作品，故有更決定的意義。在這個『預言女神之幻想』中，如現在邦格(Bong)與布革(Bugge)所證明的，並已編入基督教底要素，其中在敍述大災難前一般墮落與道德衰敗時代時說道：

Broedhr munu berjask ok at bonum verdask.

Munu systrungar sifjum spilla

「兄弟們將互相仇視，互相殺戮，姊妹底兒子們就要與氏族的團體斷絕關係了。」

Systrungr 則爲母親姊妹底兒子的意思，因之，他們將不承認相互的血族關係一事，被看作比了兄弟互相殺害還要罪大惡極。這一加重，表現於側重母方親族關係的 Systrungar 一語；要是不用此字而用 Syskina-born（兄弟和姊妹底子女）或 Syskina-synir（兄弟和姊妹的兒子們，）那麽第二行對第一行也許不是表示加强，而是表示削弱了。這樣，甚至在 Vǫluspa 產生的海賊（Vikingr）時代，關於母權制的回憶，在斯干狄那維亞還沒有消滅呢。

但是，在塔西佗時代，至少在他所熟知的日耳曼人中間，母權制已經讓位給父權制了；子女是繼承父親的；如無子女時，則由兄弟及父方和母方的叔父們繼承。容許母親底兄弟參加繼承這一事，是與剛剛所說的習慣底保存有關係的，並證明日耳曼人底父權制在當時還是新近的事。母權制底遺迹，一直晚近的中世紀也可以發見。在那個時期，一般人，特別是在農奴中間，似乎對於父親底血統還不大信賴；比如當領主向某城市要求收回逃亡的農奴的時候，那末被告底農奴身份，例如在奧古斯堡（Augusburg）、巴塞爾（Basel）及凱撒斯勞騰（Kaiserslautern），須有六國最近的血統親族，而且是只限於母方的，宣誓證實（見馬婁的都市制度——

Maurer, Sladteverfassung, I, page 381.）

滅亡的母權制，還有一個殘餘，可從日耳曼人對於女性底尊敬上看出來。這一尊敬，對於羅馬人是完全不了解的。與日耳曼人締結契約時，顯貴家族中的少女被認爲是最可靠的擔保品；對他們很悲慘而最能鼓舞他們的決鬥勇氣的，無過於把他們的妻女萬一監禁而作奴隸的思念了；他們認爲女性是一種神聖而能預言的東西，他們甚至在最重要的事情上，都要尊重她的勸告；例如，立貝河（Lippe）畔布魯克志人（Bructerian）（註）的巫女——維萊達（Veleda）曾是巴達維亞人（Batavions）起義底靈魂，在這次起義期間塞委力斯（Civilis）曾領導日耳曼人及比利時人，竟動搖了羅馬人在高盧（Gaul）的統治。在家庭以內，婦女底支配權似乎是不可爭辯的。誠然，一切家務都放在女性、放在老年及小孩身上，而丈夫是在打獵飲酒或遊惰。這是塔西佗說的，但是他既不曾說明誰耕田種地，並確定地說，奴隸只繳納租稅，但已解除力役，那末很顯然的，大量成年男子必須要担負那土地耕作所需要的不多的一點工作了。

（註）布魯克忒人係日耳曼的一個部落，住在立貝河兩岸——編者。

婚姻底形態，如前所述，曾是逐漸接近於一夫一妻制的對偶婚。這還不是嚴格的一夫一妻制，因爲曾允許富有者一夫多妻制的。少女底貞操，在大體上，須要嚴格遵守，（這是與克勒特人相反的，）同樣，塔西佗也特別熱心地說到日耳曼人底婚姻約束底不可侵犯性。他祇舉出婦女底通姦，作爲離婚底理由。不過，他的話，在這裏仍有不少的空白，此外，他太過餘明顯地用作美德底鏡子，以告誡淫蕩的羅馬人。不庸置疑的，僅有一點：要是日耳曼人在其森林中曾是這種奇妙的美德騎士，那末祇要與外界稍一接觸，便足以使他們墮落到其餘的歐洲中等人底水準上了；道德嚴格底最後痕迹在羅馬人的世界中竟比日耳曼語還要消滅的快。這祇須一讀都爾(Tours)底格列高里(Grigorius)就可以明白了。很明顯的，在日耳曼人的處女森林中像在羅馬的那種奢侈淫佚的生活是不能夠有的，所以，在這一點上，即使我們將那任何地方從未作爲整個民族一般規則的節慾情形不算，而日爾曼人也確有甚過羅馬人社會的優點。

從氏族制度中曾發生了繼承父親或親族底仇敵關係乃至友愛關係之義務；同樣，代替報復殺戮或傷害的贖身罰金(Wergeld)，也須繼承的。這種贖身罰金在過去一世代，還承認爲日耳曼人特有的制度，但如今在數百民族中間已經確定爲緩和從氏族制度中所發生的流血復仇底一般方式了。像款待客人的義務一樣，這種罰金，我們在美洲印第安人中間，亦可看到；塔西佗對於款待客人的敍述十分詳細(Germania, chap. 21)，那跟摩爾根關於印第安人款待客人情形的記載，是完全一致的。

塔西佗時代底日耳曼人是否已將他們的耕地澈底分割了，又怎樣去了解與這一問題有關的文字關於這一問題的熱烈而無窮的論爭，如今已是過去的事了。自證明差不多一切民族都有過氏族底共同耕地，以及以後共產主義家族公社底共同耕地——凱撒即確定蘇埃比(Sudbi)人就有過這種制度——以後；自證明這種共同耕作被土地底分配於各個家族及其定期重行分配辦法取而代之以後；自從確定這種耕地底定期重行分配辦法，在日耳曼本國有些地方直至保存到今日以後，甚至關於這問題就不用再提了。要是日耳曼人

153　第七章　克勒特人及日耳曼人底氏族

在從凱撒底敍述到塔西佗的一百五十年間，曾從共同耕地，如凱撒就蘇埃比人所肯定說的（他說，他們完全沒有被分析的或私人的耕地）過渡到個別耕作和土地每年重行分配一次辦法，那末這確實是個很大的進步；在這樣一個短促的期間而沒有外來的任何影響，要從共同耕地過渡到土地之完全私有，簡直是不可能的。因此，我只是簡單地讀一讀塔西佗在事實上所說的罷了；他們每年改變（或重行分配）耕地一次，而且充分地留下了空閑的村有土地。這是跟日耳曼人底當時的氏族制度完全相適應的一種土地分配與土地佔有階段。

上面的一節，我仍照以前的諸版未曾改動。(註)但是在這個期間問題卻採取了別一個方式了。科瓦列夫斯基（見前書四〇頁）證明，家長制的大家族乃是以母權制爲基礎的共產主義家族與近代的孤立的家族之間的一個中間階段，它雖不是到處流行，但卻流行很廣，自此以後，問題已經不是如馬壘與惠茲（Wiatz）間所提出的那樣——土地共有還是私有了；現在是關於土地共有形式的問題了。毫不庸置疑的，在凱撒時代，蘇埃比人不僅是土地共有，而且也是共同耕地了。還會長久爭論的，即經濟單位曾是氏族，還是大家族，又或是介在兩者之間的共產主義氏族集團，更或是依着地壤的條件，而三種集團都存在着，這些問題。科瓦列夫斯基則謂塔西佗所描寫的狀態並不是以馬克或村社底存在爲前提，而是以大家族底存在爲前提的；只有到晚後，因人口增加底結果，村社才從這種大家族中發展起來。

(註)以後三節係恩格斯爲一九九一年出版的第四版而增補的——編者。

根據這一觀點，日耳曼人底居住在羅馬人時代他們所佔據以及後來從羅馬人所奪取的土地上，不是由村落而成，而是由包括許多世代的大家族公社而成的，這種大家族公社耕種着相適應的一片土地，又和他們的鄰居在一起利用四周的荒地。如果情形確是如此的話，那麼塔西佗論及耕地更替的一節，實際上應當從農學的意義上去理解了：公社每年耕一塊不同的土地，將上年的耕地休耕，或令其全然荒蕪。因爲人口稀少之故，所以總有很多的空地，因之爲了爭奪土地的糾紛，都是多餘的了。只有經過數世紀之後，因公社底人員數目增多，以致在那時的生產條件之下進行共同的經營已成爲不可能，於是牠們遂解體了；以前共有的耕地及草地，就用一般知道的方法，分配於如今發生的各戶之間了，這一分配起初是暫時的，後來便成永久的，至於森林、草原、及水依然是共公的。

這一發展底行程，在俄羅斯，業已歷史地完全實證了。至於德意志乃至其餘日耳曼諸國，不可否認，這個推測，比之以前流行的把把村社底存在後退到塔西佗時代的見解，在許多關係上，更容易說明資料，更容易解決困難了。一般說來，最古的文件，例如洛赫城地書（Codex Laureshamensig）用大家族來解說，就比用村落公社來解說要好的多。在別一方面，這一說明又揭開了新的困難和新的問題，這些問題還需要解決了這些問題，新的研究才能得到澈底的解決，但是我不能否認，當作中間階級的大家族，在德國，在斯堪狄那維亞以及在英國，大概也都是有的。

在凱撒時期，日耳曼人一部分剛定居在土地上，一部分尚在探尋永恆移住底地方，但在塔西佗時代，他們已有百年之久的定居生活了；與此相適應，生存品底生產上有着不庸置疑的進步。他們住在木屋中，衣服還是很原始的，還是森林居住者底衣服；粗糙的羊毛外套，獸皮；婦女及貴人則用麻布下衣。食物爲牛乳、肉、野生果實，像普林尼（Pliny）所附加的，以及燕麥粥（直到今日，這還是愛爾蘭及蘇格蘭克勒特人的普通食物。）他們的財富是劣種的家畜：牛及乳牛小而難看，沒有角；馬是小馬，不能騎乘。貨幣罕少使用，而且祇是羅馬的。金銀他們還不知開採，也不重視。鐵是不多見的，至少萊因河及多瑙河的諸部落主要是輸入的，而並沒有自行開採。魯納（Runen）文字（模仿希臘及拉丁字母所造者）僅用作暗號，並且專供宗教巫術之用。以人作祭品的習慣，還沒有打破。要之，我們看到，這是一種纔出野蠻中期進到上期的民族。不過，與羅馬人直接接壤的諸部落，因輸入羅馬工業底生產品極爲便利，故其金屬及紡織生產底獨立發展遭受阻礙，而在東北部，在波羅底海沿岸不庸置疑的，此類產業却很發達。在什列斯威（Sleswick）沼地所發見的武器——長的鐵劍、鐵甲、銀兜等等——及第二世紀末期底羅馬鑄幣，與夫由於民族大遷徙而分布各地的日耳曼金屬器，即使牠們起初是模仿羅馬式樣而製造的，但牠們都是十分發展和十分別緻的技巧底生產品。除英國以外，向文明的羅馬帝國底遷移，消滅了各地底這種獨立的工業。例如，青銅手鐲，便表明了這種產業是如何地單調地發生及進一步發展起來的；在勃艮第（Burgundy）、在羅馬尼亞、在阿佐夫（Asow）海沿岸所發見的青銅手鐲，只有英吉利或瑞典的手工場中才能製造出來，但是無疑地，他們都是日耳曼出產的。

社會制度是跟野蠻上期相適應的。據塔西佗說，到處都有首長（principes）議事會，該議事會解決比較小的事件，但重大的事件，先行審議，然後提交民衆大會去決定；在野蠻最低階段上，至少像我們知道的地方，例如美洲印第安人，僅氏族才有民衆大會，而部落或部落聯盟則是沒有的。首長(Principes)與軍事首領(duces)還顯然不同，正像在易洛魁人的一樣。首長的生活一部分已經靠部落成員底榮譽的捐贈物如家畜、穀物等來供給；如在美洲一樣，他們大半是從同一家族中選出的；如在希臘及羅馬一樣，向父權制底過渡，更促進了官職底由選舉而漸變爲世襲，因之，亦即促進了各氏族中「高貴」家族底發生。這種古代的所謂部落貴族，大多數在民族大遷徙中或其以後不久即滅亡了。軍事首領是專依才能而選舉的，與出身無關。他們握有不大權力，須以自己榜樣影響一切；至於軍隊中的本身統制權，有如塔西佗所肯定說的，是由僧侶們把持的。眞正的權力是集中在民衆大會的手中；開會時以王或部落長主席；民衆提出決定：否決方法係用口出怨言，贊成方法係用喝采、鳴武器。民衆大會同時也是個審判法庭；控告向此提出，在此判決，死刑也在此宣告，而且祇有對卑怯、反叛及不自然的肉慾才處死刑。在氏族及其他小分族中，也是在首長主席之下，由全體成員主持審判的，像在一切日耳曼人的原始審判上一樣，只有這種首長才是審理底指揮者及訊問者；日耳曼人底判決不拘何時何地，都是由全體名義提出的。

自從凱撒時代起，就組成了部落聯盟，其中有幾個已經有了王；最高軍事首領，如希臘人及羅馬人的一樣，已經強謀專制的權力，有時也有達到目的。但是這種僥倖的篡竊者決不是毫無限制的統治者；不過他們已經開始粉碎氏族制度底枷鎖了。以前被解放的奴隸因爲不能屬於某一氏族，故居於隸屬的地位，而新王的這種寵幸者，往往獲得了最高地位、財富與榮譽。自羅馬帝國征服以後，軍事首領也有相同的情形，他們都做了大國底國王。在法蘭克(Frankons)人(註)中間，國王底奴隸及被解放者，起初在宮廷，以後在國中，曾扮演了重要的脚色，新的貴族大部分是由他們出身的。

(註)法蘭克爲日耳曼的一部落——編者。

有一種制度曾促進了國王權力——侍衛兵(military following)底發生。我們在美洲紅色人中間已經看到，與氏族制度並行曾造成了一種爲了自己恐懼和冒險而作戰的私人團體，這種私人團體在日耳曼人中間，已經成爲常識的團體。博得了名聲的軍事首領，集合了一羣貪圖掠奪品的青年人在自身的周圍，他們對他個人必須效忠，而他對他們亦然。首領供養他們，酬償他們，而在他們之間設立了一種品級；小規模的出征，則有衛隊及時時聽候赴戰的部隊；大規模的出征，則有熟練的軍官隊。此等侍衛兵不論如何微弱，不論牠們在事實上，例如後來在意大利鄂多瓦(Odoaker)麾下的表現的如何微弱，但是牠們之中已經有了古代民族自由崩壞底萌芽，在民族大遷徙期間及其以後牠們正起了這種作用。因爲，第一，牠們促進了用王權力底出現；第二，如塔西佗所已經指出的一樣，只有用經常戰爭及掠奪的方法，才能維持牠們的組織。刼掠成了目的。假使侍衛兵首領在附近無事可做的話，那末他就率領部下，侵犯別的民族，進行戰爭，以期獲得戰利品；曾經大批在羅馬旗幟下甚至對日耳曼人作戰而由日耳曼部落組成的援軍，一部分就是由此等侍衛兵編成的。爲日耳曼人底恥辱與咒咀——傭兵制度(Landskn cht profession)，在這裏已經有了最初的形態。征服羅馬帝國以後，國王底此種侍衛兵，與非自由人及羅馬的宮廷使臣並行，已經組成了以後貴族階級底第二個主要的構成部分。

所以，就大體上看來，聯合而爲民族的日耳曼諸部落，已經有了這樣一種社會制度，如英雄時代的希臘人及所謂王政時代的羅馬人所有者，即民衆大會氏族首長議事會、及企圖獲得眞正國王權力的軍事首領。這是在氏族制度下大體說來所能發展的最發達的社會制度；這是野蠻最高階段底模範社會制度。這一制度滿足自己使命底範圍，社會需要打破它了，氏族制度底末日到了，它崩壞了，國家取它而代之了。

第八章　日耳曼人國家底形成

根據塔西佗底證據，日耳曼人曾是一個人口衆多的民族。關於各個日耳曼民族人數的大約的觀念，可由凱撒得之；他說，遷住萊因河左岸的攸西配且人（Usipetans）與湯克忒賴人（Tencterans）的人口，包括婦孺在內，共爲一八〇、〇〇〇人，因之每一民族約在一〇〇、〇〇〇人左右（註）這比全部易洛魁人在其全盛時代的數目還要多的多，那時易洛魁人不過二〇、〇〇〇人口，但已成爲自大湖地方至俄亥俄（Ohio）及頗陀麥克（Potomac）一帶底可怕的力量。倘使我們根據我們所曉得的敍述，將萊因河附近比較著名的諸民族底配置畫在地圖上，那麼每個這種民族平均所佔的地位，約等於普魯士一個行政區域底面積，即約爲一〇、〇〇〇平方公里或地理學上的一八二平方哩。不過，羅馬人底大日耳曼尼亞（Germania Magna）直到維斯杜拉（Vistula）爲止，擁有整數五〇〇、〇〇〇平方公里。假定各個民族的平均人口算爲一〇〇、〇〇〇人，那麼全部大日耳曼尼亞的人口總數，當達五百萬。就一個野蠻的民族集團而言，這已是一個很大的數目，就今日的條件說，一平方公里十人，或地理學上的一平方哩五五〇人，則是非常微小的數目了。那時生存的日耳曼人並不以此爲限。我們知道，沿客爾巴阡（Carpathian）山脈以至多瑙河口爲止，所住的哥德部落底日耳曼民族——巴斯泰爾（Bastanians），倍基尼安（Peukinians）及其他——爲數非常之多，普林尼（Pliny）曾認爲他們是日耳曼人底第五個主要部落，並謂我們所知道的這些民族，在紀元前一八〇年，他們曾服務於馬其頓王百爾修（Perseus），在奧古斯都（Augustus）在位的初年，他們曾突破亞得里雅那堡（Adrianople）附近。假定他們不過是一百萬人，那麼到紀元初日耳曼人底概數，至少也有六百萬人。

（註）帶奧多剌斯（Diodorus）論及高盧（Gaul）的克勒特人的一節文字，亦可證實此地所舉的數字，他說：『在高盧住着人口不等的許多民族，其中最大者人數約達二〇〇、〇〇〇人，最小者約五〇、〇〇〇人。』（Diodorus Siculus, V., 25）因之，平均起來則爲一二五、〇〇〇人。高盧的各個民族，因其發展程度較高之故，無條件地應比日耳曼的爲大。

自他們住在日耳曼以後，人口日益迅速增加。單單上述產業的進步就可以證明這一點了。在什列斯威格沼地所發見的古物，就其中的羅馬貨幣來判斷，是屬於第三世紀的。由此可知在這個時候，波羅底海沿岸已有了很發達的金屬及紡織工業，與羅馬帝國已有繁盛的商務，而在富有階級中間已有了某種奢侈品，——這一切都是人口日益稠密底徵候。大約在這一時期左右，萊因河全線、羅馬邊牆及多瑙河，從北海起到黑海止，日耳曼人底總進攻已經開始了——這也是人口愈益增多而向邊境以外擴充底直接證據。鬥爭延長了三百多年；在這一期間，哥德民族底一切基本部落（斯干狄那維亞的哥德人及勃艮第安人除外）曾向東南推進，而形成了日益伸長的進攻線底左翼，該線中央爲高地日耳曼人（Herminonians）向多瑙河上游突進，右翼爲易斯卡伏尼安人（Iskaevonians）即所謂法蘭克人（Franks），向萊因進襲；對不列顛（Brittany）底征服，則由印格伏尼安人（Ingaevonians）担任。至第五世紀末期，日耳曼人侵入無力、無氣、無援的羅馬帝國的道路，遂被打開了。

在前面數章中，我們是站在古代希臘及羅馬文明底發源地旁邊，如今我們却站在這一文明底墳墓旁邊了。羅馬統治底平準器，在數百年間，曾用於地中海沿岸底一切國家。凡在希臘語言未予抵抗的地方，一切民族語言都讓位於腐朽的拉丁語了；一切民族的差別都消滅了，高盧人、伊伯利安人（Iberians）、力究利安人（Ligulians）、諾立克人（Noricans）都不存在了，他們都變成羅馬人了。羅馬的統治及羅馬的法律，到處摧毀了古代的氏族團體，同時也摧毀了地方自治及民族自治底最後殘餘。新烤的羅馬公民沒有絲毫的東西去代替；他們沒有表現任何國民性，而祇是國民性缺乏底表現罷了。新民族底要素，到處都可以看見；各地拉丁方言底彼此區別，日益厲害；以前曾使意大利、高盧、西班牙、阿非利加爲獨立區域的自然境界，還依然存在着，也愈益加甚。但是用此等要素足以造成新民族的力量，任何地方還是沒有的；發展力、抵抗力底痕迹，各地也都是沒有的，至於創造力更不用說了。在廣大的領土上，用作龐大民衆底唯一團結聯繫的，祇有羅馬國家，它與時俱進，已經成爲這些廣大民衆底最惡的敵人與壓迫者了。省區消滅了羅馬；羅馬本身，與其他城市一樣，變成了一個地方的都市，它雖是特權的，但是已經終止統治，已經不復是世界帝國底中心，而失掉皇帝及總督們住在地底意義了，總督們現在住在君士坦丁、特拉扶（Traves）及米蘭（Millan）了。羅馬國家變成一架龐大的複雜機器，專用以榨取臣民的膏血了。稅捐、國役及各種賦役，使大批居民陷於窮困底深淵，總督、收稅吏及兵士底勒索威逼，更加強了這一壓迫，而不能忍受了。因之羅馬國家及其世界霸權便達到了這樣的結果：它把它的生存權是建築在對內維持秩序對外防禦野蠻人的基礎之上，然而它的秩序却比最壞的無秩序還更壞，而公民却把它從事防禦以保護公民的野蠻人，却奉爲救主了。

社會底狀態也同樣是絕望的。自共和制底末了數年起，羅馬的統治，却已建築在對被征服諸地殘酷剝削底基礎上面；帝國不但沒有取消這種剝削，反而把它變爲一種制度了。帝國愈趨于衰微，則稅捐及賦役愈加增高，官吏底掠奪中飽，愈加不堪。統治人民的羅馬人，從不經營商業與工業；祇有在高利貸範圍以內，他們却凌駕於一切以上。以前存在而還保存下來的商業，則因官吏底勒索而破滅了，僅在帝國底東部——希臘，尚留有一點商業，不過，這一部分是在我們研究範圍以外的。一般的窮乏、商務底縮小、手工業、藝術底衰落、人口底減少、都市底衰落、農業底回復到較低的水準——羅馬世界霸權底終局，就是這樣。

農業在全部古代世界是個決定的生產部門，現在牠又獲得了以前的意義。在意大利，那從共和制末期起就包括了差不多全部領土的大莊園制（Latifundium）已用二種方法來利用：或者當作牧場，在那裏居民被牛羊所代替，看管牛羊，僅用幾個奴隸就行了；或者當作別莊，那裏用大羣奴隸，從事大規模的園圃工作，半供主人奢侈之用，半爲向市場出售。大牧場保存下來了，甚至還擴大了；別莊及其園圃，隨着主人底貧窮及城市底荒涼而衰落了。以奴隸勞動爲基礎的大莊園經濟，再也不能獲利了；不過在那個時候，它仍是大規模農業底惟一可能的形態。小農經營又成爲農業底惟一有利的形態。別莊都一個一個分成了小地塊，租給繳納一定租金的世襲的佃農，或者租給平分制佃農(partiarii)此種平分制佃農每年只能得他們勞動生產品六分之一或僅九分之一。他們與其稱作佃農，無寧稱爲家務管理人。這種小塊地，盛行租給移民，他們每年繳納一定的款項，而且固結在地上，可與他們的一小塊地一同出售。這種移民雖不是奴隸，但不算作自由人，他們不能與自由人通婚，他們相互間的婚姻並不認爲是合法的，像奴隸底婚姻一樣，只當作簡單的苟合。他們實是中世紀農奴底先驅者。

古代的奴隸制，僅在苟延殘喘而已。無論在大農業上，或在城市的工場手工業上，它都是白費勞動而無進益可言了——因出售它的生產物的市場業已消滅了。帝國繁榮時代底巨大生產所造成小農業及小手工業，則沒有收容大量奴隸的餘地了。只有從事富人家務及給富人當奢侈品用的奴隸，還留在社會上。不過日趨衰滅的奴隸制，還有力量在使人鄙視一切生產的勞動爲奴隸底事情，爲自由的羅馬人所不屑作的，而如今人人都是這種自由的羅馬人了。結果，一方面，多餘的成爲重荷的被釋放的奴隸，其數目日益增加；他方面，移民及乞丐化的自由人（恰與美洲從前畜奴各州的窮苦白人相似）其數目也日益加多。基督教對於古代奴隸制底逐漸衰滅，完全不負責任。它在羅馬帝國，與奴隸制和睦相處了數世紀，以後，它不論對於北方日耳曼人或地中海威尼思人(Venetians)中間基督教徒底奴隸乃至後世的黑人賣買(註)從未加以阻礙。奴隸制已經沒有益處，因而死滅了。不過垂死的奴隸制卻留下了它的有毒的刺，使自由人鄙視生產勞動。於羅馬世界便陷入一種絕境：奴隸制在經濟上已經成爲不可能，而自由人底勞動卻在道德上受輕視。前者既已不能成爲社會生產底基本形態，而後還不能成爲社會生產底基本形態。打破這種絕境底出路只有根本的革命了。

(註)據格里摩拿(Cremona)主教李烏特普蘭(Liutbrand)說，第十世紀在凡爾登(Veraun)，因之亦卽在神聖的日耳曼帝國，主要的產業部門卽製造去勢男子(eunnohs)這批人輸出至西班牙供摩爾斯(Mooors)後宮之用，可獲厚利。

在各省區的情況，也不見得好。我們所有的材料，以關於高盧的爲最多。在這裏，除移民之外，還有自由的小農。爲了避免官吏、審判官及高利貸者底橫暴，以謀自己的安全起見，他們往往祈求某一有力者來保護；不僅個別的農民如此做，卽整個村社也是如此做的，因之，第四世紀的皇帝們曾屢次發布命令禁止此種行爲。但是尋求保護之人是不是找到了保護呢？保護者對他們所提出條件是：他們須把他們的土地和有權轉讓給他而他則以保證他們終身享用這塊土地爲報。神聖的教會抓着了這個詭計，在第九及第十世紀很熱心地利用牠以擴神底統治，並增加牠們的地產。約在四七五年左右，馬塞(Marseilles)主教塞爾維亞奴(Salvianus)對此種掠奪還大聲指斥，謂羅馬官吏及大地主底壓迫已達到不可忍受的境地，以致許多『羅馬人』紛紛逃至野蠻人所佔領的地方，而移在那裏的羅馬公民，除了重新落在羅馬統治之下以外，便別無所怕了。那時父母們因爲貧窮，往往把自己的子女賣作奴隸之事，可以爲了禁止此種行爲而頒布的法律，作爲證明。

日耳曼野蠻人因有使羅馬人從他們本國解放出來之功，曾奪取了他們全部土地的三分之二，相互分掉，作爲報酬。這一分配是依照氏族制度底秩序而行的；因爲征服者的人數比較不多，故廣大的土地依然未被分配，半爲全體人民所有，半爲各個部落和氏族所有。在每個氏族境內，耕地和草地是用抽籤方法，分給各家；以後是否重新分配過，我們不得而知，但無論如何，這種辦法，在羅馬諸地，不久即停止使用，各個地塊變爲可以出售的完全的私有財產了。森林及草地依然未曾分配，而公共利用。這一利用，以及所分得土地的耕種方法，是由古代的習慣及全體村社的決議來調整的。氏族在它的村落內住的愈久，日耳曼人與羅馬人的逐漸融合愈多的話，則親屬的聯繫性質就愈消失，而地域的聯繫便愈鞏固；氏族在『馬卡』村社(註)中消滅了，但它的起源於村社成員親屬關係的痕迹，往往還是很顯著的。至少在『馬克』村社仍舊保存的各國——在法蘭西北部，在英吉利，在德意志，在斯干狄那維亞——氏族制度曾悄然地變爲地域制度，因而才能夠適應於國家。不過，這種地域制度仍保留了它的爲全部氏族制度所特有的原始民主主義的性質，以致甚至在它後來被迫墮落的時候，還殘存着氏族制度的殘餘，這種殘餘作了被壓迫者手中底武器，並且一直苟延殘喘到近代。

(註)『馬卡』是一種土地村社，以地域原則爲基礎；生活在某一地域內的農民，不分親族關係而構成一個村社，便叫做『馬卡』。參看恩氏『馬卡』一文，見社會主義從空想到科學的發展一書附錄。——編者。

這樣，要是在氏族裏邊，血統意識迅速消滅的話，那末這曾是在部落及全部民族內氏族制度機關因征服結果而脫變的結果。我們知道，對於被征服者底支配是跟氏族制度不相容的。在這裏，我們可以大規模地看到此事。日耳曼民族自做了羅馬各地底主人以後，一定須要把他們的征服組織起來。但是，他們既不能把大量羅馬人吸收容到氏族組織來，又不能用氏族組織去統治他們。於是在起初大部分還繼續存在的羅馬地方行政機關之上便須要設置一種新的權力，以代羅馬國家，而只有另一種國家才能成爲這種權力。因此，氏族制度底各機關便變爲國家的機關了，而爲時勢所迫，變爲非常的迅速。不過，征服民族底最切近的代表人曾是軍事領袖。對彼征服區域底防衛，對內對外，都要求增大它的權力。於是由軍事領袖底權力變爲國王權力的時機便來臨了。而且這一轉變畢竟實現了。

試舉法蘭克國家爲例，在這裏勝利的薩利安（Ssliāns），法蘭克民族不僅佔有了廣大的羅馬的國家領土，而且佔有了未被大的小的區域公社和鄉村公社所分割的廣大地段，亦卽全部大森林地。從簡單的最高軍事首長變爲眞正君主的法克蘭王，其第一件事便是把這種人民的財產變爲王家的財產，從民衆方面把它盜來，以禮物方式或以賜與方式分給他的隨兵。這種隨兵本來是由他個人的戰鬥隨從員及其餘的下級軍隊指揮官組成的，它很快地不僅補充以羅馬人，卽羅馬化的高盧人，——他們的書寫技能、教育程度、以及羅馬話和拉丁文學語言底知識，都爲該國王所需要，而且補充以奴隸、農奴及被解放的奴隸，他們構成他的廷臣，並且他從這些人中間選取自己的寵愛者。最初是將民有地段大半賜給他們，後來又以采地方式授給他們享用（起初大半是在王的生時授與的）這樣，便靠犧牲民衆而造成了新貴族底基礎。

不僅如此而已。由於國家幅員底廣袤，單單利用舊的氏族制度底手段是不能統治的。首長議事會，卽令老早沒有消滅，但也已不能召集了，所以，不久它就爲國王底侍從員所替代了；舊的民衆大會在外表上還繼續存在着，但是也漸漸地變成了只是下級軍官及新興的貴族底會議。

正如共和制末期羅馬農民破產的情形一樣，構成法蘭克民族大衆的自由的握有土地的農民，也由於連年的混戰與侵略戰爭，特別是在查理大帝時代而趨於疲憊與破產了。這種農民起初曾構成全部軍隊，而在法蘭克土地征服以後，又構成軍隊底基本核心，到第九世紀之初也窮困起來，五人之中僅有一人能出去作戰了。以前由國王直接召集的自由農民軍，今則由新興的貴族底僕役（農奴農民，只知有王而不知其他主人，乃至在更早的時期，根本不知有任何主人，甚至也不知有國王的農民底後裔。）所組成的軍隊取而代之了。在查理大帝(Charlemagne)底後繼者時代，法蘭克的農民等級底破產，因國內戰爭，國王權力底衰弱，貴族（在這種貴族之中還要加上查理大帝所任命的一郡底伯爵，他們力謀把自己的職位變成世襲的）底侵略，最後，以及諸曼人(Normans)底侵襲，而日益厲害。在查理大帝死後的五十年，法蘭克王國便毫無抵抗地伏在諸曼人底脚下了，正和四百年前羅馬帝國底伏在法蘭克人自己的脚下一樣。

不僅對外的衰弱無力，即對內部的社會秩序或者寧是社會的無秩序，也幾乎是這樣的。法蘭克的自由農民，所處的境地，與他們的先驅者即羅馬的移民所處的相同。因戰爭和掠奪而破產的他們，祇好乞求新興的貴族或教會去保護，因爲國王的權力已經過於衰微，不能保護他們了；但是這一保護，他們必須付很高的代價才能購得的。與以前的高盧(Gallie)農民一樣，他們須將自己的土地所有權交給保護人，再以種種的條件又把這塊土地向他租來，不過總是用服役及納貢以代替的。一經陷入這樣的隸屬境地，他們就逐漸喪失了他們個人的自由了；經過數代之後，他們大都已變成農奴了。自由的農民等級是如何迅速消滅的，可由伊爾明隆所編的 Saint Germaindes Pres 修道院（當時在巴黎附近，現在在巴黎本城）地產紀錄，作爲證明。該修道院底地產，幅員極爲廣大，在查理大帝生時，在其上就住有二七八八戶的人，差不多全是取日耳曼名字的法蘭克人。其中二〇八〇戶是移民，三五戶是半自由農奴（lites），二二〇戶是奴隸，祇有八戶是自由的移住者！保護人迫使農民把他的土地交給他私有，然後再將此地交給農民，終身使用的習慣流行很廣，這一習慣曾由薩爾維亞宣告爲非神的行爲，可是如今教會對於農民却大量地採用這一辦法了。現在是力役制日漸流行了，一方面羅馬的『安澤力亞』（angariae），即對國家的强制服役，別一方面日耳曼『馬卡』村社成員修橋、造路、及其他共同目的的服役，便是這種力役制底原型。這樣，就外表看來，大量住民經過了四百年，似乎又回到他們的出發點上去了。

然而，這不過證明：第一，沒落時期羅馬帝國內的社會分化及財產分配，是完全適應於當時農業及產業中的生產水準的，因之，是不容避免的；第二，這一生產水準在以後四百年間，在本質上未見衰落，也未見向上，從而，以同一的必然性，重新引起了同一的財產分配與同一的人民階級。城市在羅馬帝國存在底最後數百年間，曾喪失了它從前的對鄉村的支配權，而在日耳曼人統治底最初數百年間也沒有把這一支配恢復。這是以農業與產業發展低級階段爲前提的。此種一般的狀態，必然地產生了具有權力的大地主與隸屬的小農民。一方面，使用奴隸勞動的羅馬大莊園經濟，別一方面，使用力役勞動的新的大規模生產，是這樣地難以依附於這種社會，可由查理大帝底廣大的然而差不多沒有留下痕迹的有名的皇室莊園底實驗來作證明。修道院仍繼續了這種試驗，而且祇有修道院底這種試驗才是有益的；但是修道院是以獨身生活爲基礎的非正常的社會機構；牠們雖能予以例外的成績，然而正因如此，牠們本身須是例外。

然而在這四百年間，仍是有進步的。即使我們在這一時期底末期所遇見的主要階級，差不多是與初期的一樣，但是構成這些階級的人，則已成了別的了。古代的奴隸制已經消滅了；輕視勞動爲奴隸職業乞丐化的自由人也已經絕迹了。介在羅馬移民與新的農奴之間的是自由的法蘭克農民。那趨於滅亡的羅馬世界底『無益的回憶與無益的鬥爭』已經死亡而埋葬了。第九世紀底社會階級，不是在趨於死亡的文明底衰落環境中，而是在新文明底陣痛中形成的。新的後代，無論是主人，或僕從，跟他們的羅馬先驅者比較，已是大丈夫底後代了。強大的領主與依存於他們的農民之間的關係，在羅馬曾使古代世界非滅亡不可的這種關係，現在已經成了新發展底起點了。其次，不論這四百年間是如何的無結果，可是却留下了一件重大的成績：近代的民族，西歐人類對未來歷史底新的配置與分裂。日耳曼人在實際上重新使歐羅巴有了生氣，因之日耳曼時代所發生的對國家之破壞，並不是以諾曼・薩拉森（Norss-Sarcene）人底征服而告終，而是以采地和保護關係底進一步發展爲封建制度和人口底巨大增長而告終的，因有這種人口的增長，所以不到二百年後的十字軍大流血，沒有發生疾病。

然則日耳曼人用以給垂死的歐羅巴注入新的生命力之神祕魔術究竟是什麼呢？是不是像我們的極端排外主義的歷史家所描寫的，這是日耳曼部落所固有的魔力呢？決不是的。日耳曼人，尤其在那個時候，曾是天資優秀的雅利安部落，對於他們的以後的發展，充滿着生命力。但是使歐羅巴返老還童的，並不是他們的特殊的民族的特點，而簡單地祇是他們的野蠻性，他們的氏族制度而已。

他們的個人的天賦、勇敢，他們的愛好自由，以及把一切公共事務視作自己事務的民主主義的本能，總之，羅馬人所喪失的一切品格（祇有具有這些品格，才能從羅馬世界底泥濘中組成新的國家，生長新的民族）所有這一切品格，除了最高階段上的野蠻人底特徵，除了他們的氏族制度的果實以外，還是什麼呢？

日耳曼人既革新了古代的一夫一妻制形態，緩和了男子在家族中的支配，而給婦女以比古典世界所曾知道的更高的地位，那麼，除了他們的野蠻性，除了他們的氏族習慣，除了他們的還活着的母權制時代的殘餘以外，還有什麼東西能使他們這樣做呢？

他們（至少在三個最重要的國家——德意志、北部法蘭西及英吉利）既能把真正氏族制度底碎片，即鄉村公社（馬卡）在封建國家內貯藏起來，因之使被壓迫階級——農民，甚至在最苛刻的中世紀農奴制時期，得以有地域的團結及抵抗底手段——不論古代的奴隸或近代的普羅列搭利亞，都沒有這樣現成的東西——那末，除了把這歸功於他們的野蠻性、歸功於他們的純野蠻人的按照氏族定居的方式以外，還能歸功於什麼呢？

最後，他們既能把他們故鄉所奉行的比較緩和的依存形態（在羅馬帝國的裏邊，奴隸制也漸漸地變為這種依存形態了）——如傅立葉所最先指出的，給了被奴役者以當作一個階級而求得逐漸解放底手段的

（fournit aux cultivateurs des moyens d'affranchissement collectif et progressif）形態，因此之故而高出於奴隸制（在奴隸制之下，只能有不經過渡狀態而立即釋放個人恢復自由的一途，因爲古代並不知道用勝利的暴動以消滅奴隸制，但是中世紀底農奴，在事實上已經當作一個階級而逐漸進行他們的解放。）的形態，發展起來而使之成爲支配形態，那末，除了我們把這應歸功於他們的野蠻性——由於這種野蠻性之故，他們使自己的奴隸制既沒有達到它的最高發展，也沒有達到古代的勞動奴隸制，也沒有達到東方的家庭奴隸制——以外，還應歸功於什麼呢？

凡日耳曼人給羅馬世界所種下的每種生命力與生殖力，都歸於野蠻性。事實上，只有野蠻人才能使那感受舊文明垂斃的痛苦之世界，年青起來。在大遷徙之前，日耳曼人所到達的野蠻最高階段，正是最適宜於這一過程的。這一件事就可說明一切。

第九章　野蠻與文明

我們已經根據希臘人、羅馬人、及日耳曼人底三大實例，研究了氏族制度底解體。現在我們再來將在野蠻上期已經摧毀氏族社會組織及隨着文明底出現而完全除去它的一般經濟條件，加以研究，作爲結語。在這裏，馬克思底資本論也像摩爾根底『古代社會』一書那末必要的。

氏族自在蒙昧中期發生後，在其上期仍繼續發展，就我們的資料所許可的去判斷，到了野蠻底下期，它便達到了自己的全盛時代。現在我們就從發展底這一階段開始吧。

在以美洲紅色人爲例子的地方，我們發見了已經十足發展的氏族制度。一個部落分爲好幾個氏族，最常見的是分爲二個；隨着人口底增加，這種原始的氏族，復分裂爲幾個女兒氏族，最初之氏族對於這些女兒氏族已是大氏族了；部落自身分成幾個部落，在其中每個部落中，我們大半又可遇見以前的各氏族；一切聯盟——至少在個別場合之下——則結合了幾個近親部落。這種單純的組織，是跟它所由發生的社會條件完全相適應的。它無非是這種條件所造成的天然配置而已；它能夠調整那在如此組織的社會內部可以發生的一切糾紛。對外的糾紛，則由戰爭來解決；這一戰爭可以部落的消滅而告終，却決不能以奴役它而告終。氏族制度底偉嚴以及它的狹隘性，就表現於在這裏沒有支配與隸屬存在的餘地。在氏族制度內部還沒有權利與義務間的任何差別；參加公共事務與否，實行血的復仇還是用權利或義務來贖的問題，對印第安人是不存在的；在印第安人看來，這一問題的荒謬，正和何謂吃飯、睡覺、打獵是權利還是義務這種問題是一樣的。同樣，部落和氏族底分爲各種不同的階級之事實，也是不可能的。這就引導我們對這種制度底經濟基礎，不得不加以研究了。

人口是極其稀薄的；僅在部落底居住地上，比較稠密些，在該居住地的周圍，首先是廣大的一圈獵地，次爲中立的防衛森林作爲和其他部落的分界線。勞動分業是很自然的發生的；它僅存在於兩性之間。男子外出作戰、打獵、捕魚，獲取食料，並製備爲此事所必要的工具。婦女在家中工作，預備衣服及食物——烹調、紡織、縫紉。兩性各爲自己活動領域內的主人：男子在森林中，婦女在家內。兩性各是各製造及使用的工具底所有人：男子是武器、漁獵用具底所有者；婦女是家庭器具底所有者。家庭經濟是由數個家族，往往好多家族，以共產主義的基礎來經營的。(註) 凡共同製作及使用的東西都是公共財產：家屋、庭園、木舟。這樣，在這裏而且也祇有在這裏，才是文明社會底法學家及經濟學家所想出的『自己辛勤得來的財產』——近代資本主義財產所倚恃的最後的欺人的法律根據。

(註)特別是在美洲的西北沿岸——見班克洛夫(Bancroft)的著作。沙羅德后島(Queen Charlotle Islands)上的亥達(Haidahs)部落還有住在一屋脊下包括七百人的人家。在努特卡人(Nootkas)中間，全部落是住在一個屋脊之下。

不過，人類並不是到處都停在這個發展階段上的。在亞洲，人類發見了可以馴養及在馴服狀態中可以繁殖的動物。野生的雌水牛，是須要獵取的；但已經馴服的，每年可生一頭小牛，此外，幷可擠乳。有些最進步的部落——雅利安人（Aryans），塞姆人（Semites）、也許乃至杜蘭人（Turanians）——起初是以馴養家畜，而以後又以繁殖家畜與照料爲他們的主要的勞動部門。從其餘的野蠻人中分化出來了牧人部落：最初的大規模的社會分業。牧人部落生產的不特比其餘的野蠻人生產的爲多，而且他們又生產了別的生活資料。與其餘的野蠻人比較，他們不僅有爲數頗多的牛乳、乳製品及肉類等，並且有獸皮、羊毛、山羊毛及隨着原料底增多而日益增長的紡織物。這首先使有規則的交換有可能了。在發展的早期階段上，僅能舉行偶然的交換；製造武器及工具的特殊的技能，已可以實行暫時的分業。舉例來說，在好多地方，已經發現了石器時代晚期的製造石器的工場底無疑的遺跡；在那種工場內發展他們技能的匠人，大概是由全社會供養的，印度氏族公社底經常的手工業者，還是這樣作的。總之，在這一發展階段上，交換只有在部落內部才能發生的，而且是一種例外的現象。反之，在這裏，自從牧人部落分化出來以後，我們看到，各部落人員間的交換或其發展和鞏固而成爲一種經常制度底一切條件都具備了。起初部落與部落間的交換是要經過各氏族首長之手來進行的；到了畜羣變爲各個私有財產的時候，個人與個人間的交換，便逐漸佔優勢，最後乃至成爲交換底唯一形態了。不過，牧人部落用以與其鄰人交換的主要物品則是家畜；因之家畜遂成爲用以評價其他一切商品及到處在交換中樂於接受的一種商品，——要之，家畜已經開始執行貨幣機能，而且在這個階段上已經起演貨幣底作用了。自商品交換本身發生的時候起，對於特殊商品——貨幣的要求，也以這樣的必然性與速度而發展起來了。

園藝耕作，大概爲低級階段底亞細亞野蠻人所不知道的，它的當作田野耕作的先驅而出現於他們，不過於中級階段。在杜蘭人高原底氣候條件下面，要是沒有供長久而嚴寒的冬季用的食糧貯藏，那遊牧生活是不可能的；因此，牧草栽培與穀物種植在這裏就成爲必要的條件了。黑海以北的草原，也是如此。起初穀物的獲取是爲家畜用的，但是很快地便成爲人類的食物了。耕地依然是部落底財產，最初是交給氏族使用，後來又交給大家族，最後更交給個人使用；他們對耕地可有若干佔有權，但不會比這更多的。

在這一階段上，工業活動領域內的成就中，有特別重要意義的有兩種：第一是織機；第二是礦石的熔煉與金屬底加工。銅、錫及用兩者煉成的青銅，都有最重要的意義；青銅可造有用的工具及武器，但是還不能排擠到石器；祇有鐵才可以作到這一點，但是還沒學會採鐵。金與銀已經用以裝飾並當作貴重物，就外表看來，金銀似乎比銅與青銅已有更大的價值。

一切部門——牧畜、農業、家內手工業——內生產底增加，已使人底勞動力可以生產比維持它所必需的更多的生產品。同時，它增加了氏族、家族公社或個別家族底每個成員所負担底每日勞動量。吸收新的勞動力，是有益的事情了。戰爭供給了他們：把俘虜變爲奴隸。最初的大規模的社會分業，隨着勞動生產性底增加，從而隨着財富底增加以及隨着生產活動領域底擴大，在一定的一切歷史條件之下，必然地要引起了奴隸制。從最初的大規模的社會分業中，發生了社會底最初的大分裂——卽主人與奴隸，搾取者與被搾取者二大階級。

畜羣是怎樣且在什麼時候從部落或氏族底共有而變爲各個家族家長底私產，關於這一點，我們迄今還不得而知。不過，大體說來，這一轉變一定是在這階段上發生的。隨着畜羣及其他新的財富底出現，在家族裏面便發生革命了。謀生，總是男子底事情，謀生用底手段是由男性所製造的，因而即是他的財產。畜羣曾是新的謀生手段，它們的最初的馴養與以後的照管都是男性底事情。因此，家畜是屬於他的；用家畜換來的商品與奴隸，也是屬於他所有的。如今生產所得的全部剩餘，都落在男子手中了；婦女參加它的消費，但是沒有私有產的份兒。『粗野』的戰士與獵人，以在家內次於婦女而佔第二位爲滿足，但『比較溫和的』牧人，恃有自己的財富，已經躍居首位，而把婦女排擠在第二位了。婦女是不能申訴不平的。家中的勞動分工，曾作了夫妻間的財產分配的基礎；這一分工曾保持下來沒有改變，可是它所以把以前所有的家族係完全顛倒過來只因爲家族以外的勞動分工已經成了別種分工能了。那從前保證婦女在家內以支配權的同一原因——婦女勞動只限於家內工作——現在卻確立了男子在家中的支配權：婦女底家內工作，現在跟男子謀生的工作比較起來，已經失掉了自己的意義；男性底勞動是一切，而婦女的工作只是一不足取的附屬品了。在這裏已經暴露婦女底解放，她們跟男子底平等，只要婦女被摒棄在社會的生產勞動以外而只限於家中私人勞動，一日那便是不可能的，而且永久如此的。婦女底解放，只有在婦女大量地，社會規模地參加生產事業，而家中工作僅佔在她們很少工夫的時候，才是有可能的了。要使這有可能，只有在現代大工業之下才行，現代大工業不但允許大規模的婦女勞動，而且正面要求婦女勞動，日益力謀把家庭的私人勞動變爲社會的工業。

隨着男子在家中的實際支配權底確立，對於他的獨裁制度最後障礙物也崩潰了。這種獨裁制，因母權制底顯覆父權制底實行，對偶婚底逐漸變爲一夫一妻制，而更加確定與永久化了。不過，這在古代的氏族制度中却造成了一個罅隙：個別家族成爲一種與氏族對抗的力量，而且是一種可怕的力量了。

其次一步便走了野蠻底最高階段，一切開化民族的英雄時代，鐵劍時代，以及鐵犁與鐵斧時代，都是在這個階段上消磨了的。鐵已經爲人所役使，這是在歷史上演了革命作用的一切原料當中的最後者和最重要者，直至馬鈴薯出現爲止的最後者。

鐵造成了廣大面積的田野耕作，開墾了廣大的森林地域；它給了手工業者以堅牢而銳利的器具，不論任何石頭或當時所知道的任何金屬，沒有一種能與之相抗。所有這些都不是一下子造成的；最初的鐵往往比青銅還要柔軟些。所以，石器只是慢慢地消滅的；不僅在喜爾得布蘭歌（Hildebrand Son）中，（註一）而且在一〇六六年的哈斯丁斯（Hastings）之役中，（註二）還都是使用石斧的。不過，進步現在仍是在不可抗拒地，以很少的間斷，並更急速地繼續進行着。以石牆、塔樓及雉堞圍繞石造或磚造家屋的都市，已經成爲部落或部落聯盟底中心地，這是建築術上的巨大進步，同時也是危險與防衛要求增加底朕兆。財富雖然很快地增加了，但却是個人底財富；生產底多樣性精巧，在織業、金屬製造業以及其他彼此愈益分立的手工業中日益顯著地發展起來。農業現在除了穀物、豆科植物及蔬菜以外，並且供給油及葡萄酒，這些東西都已會製造了。這樣多樣的活動，已經不能由同一個人來執行了；於是發生了第二種勞動大分工——手工業與農業分離了。生產以及隨之而勞動生產率底不停止的增長，提高了人的勞動力底價值。在前一發展階段上剛才發生又是偶然的奴隸制，如今已成爲社會體系底一個主要的構成部分了；奴隸們已終止其爲單純的助手了；如今把他們大批地驅到田野中和工場中去工作。隨着生產底分爲農業與手工業二大部門，便發生了直接爲交換的生產，即商品生產，同時，不僅發生了部落內部及境界上的商業，而且也發生了海外商業。所有這一切還都是不大發展的；貴金屬已經開始起演優越的和一般商品——貨幣底作用，但是金屬還不鑄造，只是就重量交換的。

（註一）喜爾德布蘭歌係古代的日耳曼民歌，描寫日耳曼各部落相互間的鬥爭——編者。

（註二）哈斯丁斯係英國的一城市，侵略英國的諾曼人與土著人——盎格魯薩克遜人曾在該地大戰——編者。

除自由人與奴隸底劃分以外，又出現了富者與貧者間的區別——隨着勞動底新分工而來的社會分爲階級底新的分裂。各個家族首長間的財產差別，破壞了舊的共產主義的大家族公社，祇要在它們迄今猶在保存的地方；同時，該公社所行共同耕作制也滅亡了。耕地分配給各個家族使用——起初是暫時的，以後來便成爲永久的了，終於隨着對偶婚底變爲一夫一妻制而逐漸地並且並行地變爲完全的私有產了。各個家族便成爲社會底經濟單位了。

人口密度底日益增加，對內以及對外，世界都不得不更密切地團結起來。於是近親部落底聯盟，到處都成爲必然的了；不久，甚至它們的合併乃至各個部落領土底合併而爲一個全民族底共同領土，也成爲必要的了。民族底軍事首領——rex, basileus thiudans——也成爲必要的常設的官職。沒有存在過民衆大會的地方，也出現了它了。軍事首長、議事會及民衆大會構成了由氏族制度中發展起來的軍事民主主義底各機關。所以稱爲軍事民主主義者，因爲戰爭及進行戰爭的組織現在成了人民生活底正常的職能了。隣人底財富刺激了那將獲得財富已經視爲最重要的生活目的之一的民族底貪慾。他們是野蠻人：掠奪在他們看來，是比辛苦勞動更容易甚至更榮耀的事情。以前他們進行戰爭，僅僅爲報復侵犯或爲了擴大感覺不夠的領土，現在他們進行戰爭，祇是爲了掠奪戰爭成爲經常的職業了。毋怪乎新的設防的城市底周圍都圍繞以高峻的牆壁：在牠們的濠溝中掘了氏族制度底墳墓，而牠們的尖塔已經在注視文明了。社會內部也發生了同樣的情形。掠奪戰爭加强了最高軍事首長以及次要首領底權力；由同一家族中選出他們的後繼者的習慣，漸漸地，尤其自父權制確立的時候起，變爲世襲的權力了；最初是容忍，其次是要求、最後更是篡奪這種權力了；世襲的王位與世襲的貴族底基礎便從此奠立下了。於是氏族制度底諸機關，便逐漸脫離了自己在人民中、在氏族中、在大氏族及在部落中的根源，而全氏族制度變爲自己的對立物了：它從自由調整本身事務的部落組織變爲掠奪與壓迫隣人底組織了，與此相適應，它的各機關也由民意底工具而變爲用以反對自己民衆的獨立的支配與壓迫機關了。但是這種事情，如果對財富的貪欲不把氏族人員分成富者與貧者，如果『同一氏族內部的財產差別不把共同利益變爲氏族人員間的敵對』（馬克思），又如果日益流行的奴隸制不弄成這種結果，即將用自力獲取生存資料的行爲只視爲奴隸工作而比掠奪爲可恥，那從不會發生的。

現在我們走近文明的門閾了。文明是從勞動分業上的一個新的進步所開始的。在野蠻底低級階段上，人們只是爲了自身的消費而生產的；進行個別交換的行爲是罕有的，所交換的只有偶然留下的剩餘物而已。在野蠻底中期，我們已經見到了遊牧民族的牧畜經濟，此種遊牧經濟，在一定數量的畜羣之下，已可經常地供給超出自身消費的若干剩餘；同時，我們並看見了遊牧民族與沒有畜羣的落後部落間的勞動分工，兩個並立的不同的生產階段，以及正常交換底條件。到了野蠻底上期，發生了農業與手工業間的進一步的勞動分工，隨之而發生了直接爲了交換的日益增加一部分勞動生產品底生產，各個生產者間的交換底變爲社會底生活的必要。文明鞏固了並加強了所有這些在它以前發生的各種勞動分工，尤其由於城市與農村對立（在這裏在經濟上城市可以支配農村，如古代所有者，反之，農村亦可支配城市，如中世紀所有者）底增劇而加甚；此外，文明還添加了第三種爲它所固有的非常重要的勞動分工：創造了已不從事生產事業，而只是經營生產物交換的階級，即創造了商人。以前所有的一切形成階級的趨勢，還都是專與生產有聯繫的；它們把從事生產之人，分爲管理者與執行者，或者分成大規模的或小規模的生產者。在這裏首次出現了一個階級，它絲毫不參與生產事業，而全部奪取了對生產底管理權，並在經濟上使生產者服從自己；它成了每兩個生產者間的不可缺少的中間人，而榨取兩方面。藉口使生產者免去與交換有關的辛苦與危險，並爲了把他們的生產物推銷到最遠的市場上去，因而造成了似乎最有用的居民階級，而發生了一個寄生階級，眞正的社會寄生階級，它爲了補償自己在事實上並不重要的服役，從國內及國外的生產上吸取油水，而很快地獲得了巨大的財富以及與之相適應的社會勢力，唯其如此，它在文明時期取得了更榮譽的地位，漸漸使一切生產都服從自己，直至最後它自己生產了自己的生產物——週期的商業危機。

不過，在我們所考察的發展階段上，年輕的商人階級還沒有預感到那横在他們面前偉大事業。但它已在形成着而成爲必然的了，這就夠了。同時隨着它而出現了金屬貨幣——鑄幣，隨着金屬貨幣而又出現了不生產階級統治生產者及其生產底新手段。發明了那以隱密方式含着其他一切商品的商品之商品，即得任意轉化爲任何隨心所欲的事物的魔術手段。誰握有它，那誰就操縱生產世界了。但是首先是誰握有了它呢？是商人。貨幣底崇拜，在他的手中已經穩如泰山了。他致力於說明一切商品，乃至一切生產者，都要跪在貨幣面前祈福了。他在實踐上證明，其他一切財富的形態，在這種財富體現的面前都不過是一種假象而已。貨幣底權力，以後再沒有像在它的這個青年時代表現得那樣原始的粗野與殘酷了。在用貨幣購買商品之後，繼之而起的是金錢貸借，隨着金錢貸借而更出現了利息與高利貸。後世的立法，沒有一個像古代希臘及羅馬的立法如斯殘酷而無情地把債務者投在高利貸債權者底脚下。這兩種立法像習慣法一樣，都是純粹在經濟條件壓迫之下而自我產生的。

除了包含在商品及奴隸中的財富以外，除了貨幣財富以外，現在又出現了土地的財富。各個人佔有起初由氏族或部落給予他們的土地底權利，現在已經大加牢固，以致這些土地以世襲財產的權利而屬於他們了。最近他們所最力謀獲得的，正是要解除氏族公社對土地的權利，因爲這種權利對他們業已成爲桎梏了。這種桎梏是消滅了，但是不久之後，他們的新的土地私有權也消滅了。所謂對土地底完全的自由的私有權的意思，不僅表示可以毫無阻礙毫無限制地佔有它，而且表示可以出售它的。當土地爲氏族所有的時候，這種可能性是不存在的。但當新的土地佔有者澈底拋棄了氏族與部落底最高私有權底桎梏的時候，他把以前將他跟土地密切聯繫起來的枷鎖也突破了。這件事的意義如何，跟土地私有權同時發明的貨幣給他說明了。土地如今成爲可以出賣和抵押的商品了。當土地私有權剛一確立的時候，抵當之事也發生了（雅典。）如雜婚制與賣淫緊跟着一夫一妻制的脚跡而來一樣，如今抵當制也緊跟着土地私有權的脚跡而來了。你們渴望完全的自由的可以出賣的土地私有產，正好你們得到這了，那就是："Tu l'as voulu, Georges Dandin!"（這是你們所願望的喬治．但丁！）

這樣，隨着商業底推廣，隨着貨幣和貨幣高利貸、土地私有產及抵當而迅速地發生了財富底積聚及集中在人數很少的一階級手中，同時，大衆底赤貧化與貧民的數量也都增多了。新的有產貴族，把舊的部落顯紳（在雅典，在羅馬，以及日耳曼人的）完全排擠到後面去了，要是他們自始與後者不一致的話。與這種依然財富把自由人分成階級的現象並存的，奴隸數目（註）也有了巨大增加，尤其在雅典，這種奴隸們底強制勞動已成爲全社會底上層建築予以建立的基礎了。

（註）關於雅典奴隸的數目是三六五、〇〇〇人。在哥林多 Corinth），當該城最盛時代竟達四六〇、〇〇〇人，在伊齊那（Aegina）曾達四七〇、〇〇〇人；在兩處奴隸都十倍於自由居民的人數。

現在我們來看看在這一社會變革之下，氏族制度究竟怎麽樣了。它在未經它的方面底助力而勃興的新的要素面前，是沒有力量了。氏族制度存在的前提是一個氏族或部落底成員在純係他們居住的同一領土內共同生存。這種情形老早就停止了。氏族和部落到處是雜居起來了，在自由民中間到處都雜居着奴隸、保護民及外國人。僅在野蠻中期末期才獲得的定居生活，又被居住地底移動性和變更所破壞了，這是由於商業的活動，職業底變更與土地私有權底出售而引起的。氏族組織底成員再也不能爲解決自己的公共事務而集會了，祇有不重要的事項，例如宗教節日，還是照例舉行的。與氏族組織曾被公認適宜供應的需要及利益並存，因生產活動條件中變革及其所引起的社會結構中變化的結果，而發生了新的需要與利益，這種新的需要與利益，不特對於古代的氏族制度沒有關係，而且在各方面是跟它對立的。由於勞動分工而發生的手工業集團底利益，與農村對立的城市底特殊要求，都需要有新的機關；但是此等集團中的每個，都是由種種不同的氏族——大氏族及部落的人所組成的，甚至還包括外國人在內，因此，這種機關須是在氏族制度以外發生的，與氏族制度並列的，同時也是反對氏族制度的。而在每個氏族組織中，又有了這種利益底衝突，這種衝突因同一個氏族及同一個部落之中團結了富者與貧者，高利貸者與債務者，而達於最尖銳的地步。此外，再加上與氏族集團無關係而在國內已成爲一種力量的新的大批居民，如在雜馬所有者，加以人數過多，不能爲血緣氏族及部落所逐漸吸收。氏族集團儼如閉關自守的特權的團體，與這一批居民對立着；原始的天然的民主主義便變爲可惡的貴族主義了。最後，氏族制度是從不知有任何內部對立的社會中發生的，而且只是這種社會才適應的。除輿論以外，它沒有任何其他強制的方法。但是在這裏却發生了一個社會，它由於自己的經濟生活條件之故而分爲自由人與奴隸，搾取的富者與被搾取的貧者，這個社會不僅不能調和此種對立，反而使牠們更加尖銳化了。這種社會祇能存在於這些階級相互間的不停止的公開鬥爭中或第三種力量支配之下，這種第三種力量，似乎超然站在相互鬥爭的各階級以上，抑壓他們的公開的衝突，至多容許僅在經濟領域以內有所謂『合法』形態的階級鬥爭罷了。氏族制度已經過完它的時代了。它爲勞動分工及其結果——社會底分裂爲階級所摧毀了。它由國家取而代之了。

*　*　*　*

國家在氏族制度底廢墟上突起的三種主要形態，我們在前邊已經分別地研究過了。其中雅典是個最純粹最典型的形態：在這裏國家直接而且主要地是從氏族社會自身內部發展起來的階級矛盾中發生的。在羅馬氏族社會變爲在爲數衆多、站在它以外、祇有義務而無權利的平民中間的一種閉關自守的貴族主義；平民底勝利摧毀了舊的氏族制度，而在它的廢墟上面創立了國家，不久氏族的貴族與平民在國家中都消滅淨盡了。最後，征服羅馬帝國的日耳曼人，共國家是當作征服他人的領土底結果而發生的，這樣廣大的領土非氏族制度所能統治的了。不過，不論跟舊有居民底嚴重鬥爭，或者更進步的勞動分工，既然都是跟這一征服沒有聯繫的；被征服的人民與征服者底經濟發展水準既然差不多是相同的，從而社會底經濟基礎是依舊不變的，所以，氏族制度以後得以變形的地域的『馬卡』村社制度形態，存在了數百年甚至有一個時期，以微弱的方式，在以後的貴族及 Patrician 氏族中，甚至在農民氏族中，例如在狄得馬西(Dithmasia)(註)中，又復興起來。

（註）那關於氏族本質有點大概觀念的頭一個歷史家，則是尼布爾，這是由於他熟悉狄得馬西氏族公社而來的。但是他的謬誤也是直接由同一的資料而來的。

這樣看來，可見國家本身決不是由外部强加於社會的一種力量。國家也不是什麼『道德觀念底現實，』『理性底形象與現實，』如黑格爾所主張者。國家乃是社會在一定發展階段上底生產物，國家乃是這種社會已經陷於自身的不能和解的矛盾中分裂爲它無力掙脫的不可調和的對立之表白。爲了要使此等對立，此等經濟利益相互矛盾的各階級，不要在無益的鬥爭中同歸於盡及滅絕社會，於是在外觀上似乎立於社會以上的力量，似乎可以緩和衝突及納之於『秩序』限度以內的力量，便成爲必要的了。這個從社會中發生，而又高居於社會以上，且距社會愈弄愈遠的力量，便是國家。

跟舊的氏族制度比較，國家的第一個特點是國家臣民按領土區劃底劃分。由於血緣而發生和保持的舊的氏族團體，我們在前邊已經看到，大抵不夠用了，因爲牠們的前提——氏族成員與一定領土底聯繫早已消滅了。領土雖然依舊，但人們已成爲可移動的了。因此，只好以領土區劃作爲出發點，允許公民住在什麼地方，即得實現他們的權利與義務，而不顧慮他們是屬於那一氏族或那一部落了。這種按照居住地的公民組織，在一切國家裏面都通用了。所以，在我們看來，它好像是天然的；但是我們已經知道，當它在雅典及羅馬取舊的氏族組織而代之以前，是需要如何頑强而長久的鬥爭了。

第二個特點，是社會權力底創設，這種社會權力跟把自身組織爲武裝力量的居民已經不直接符合一致了。這個特殊的社會權力之所以需要，是因爲居民底自動的武裝組織，自從社會分裂爲階級以來已經成爲不可能的了。奴隸也算在居民以內；九〇、〇〇〇的雅典公民，對於三六五、〇〇〇的奴隸，不過構成一種特權階級。雅典民主主義底人民軍，則是一種貴族的武裝力量，用以壓迫奴隸，使之服從。但是如前所述，並爲了壓制公民，則憲兵也成爲必要的了。這種社會權力，在每個國家裏面都是存在着的；它不僅是由武裝的人來構成的，而且是由物質的附屬物，監獄及各種强制機關——這些都是爲民族社會所沒有的——來構成的。這一權力，在階級矛盾尚未發達的社會及遼遠的地域裏面，或許是極其微小的，幾乎是有若無的，如有時在美國某地所見者。但是隨着國家內階級矛盾的加劇，並隨着相鄰各國的日益强大與人口日益稠密，它也加强了。你試把我們的近代的歐羅巴瞧一下吧，在這裏，階級鬥爭及侵略底競爭，已使社會權力像螺旋一樣，扭至高點，以致它有吞滅全社會乃至國家之虞了。

爲供養這種社會權力，就需要公民繳納稅捐。稅捐是爲氏族社會所完全不知道的。但是今日我們却十分明白它們了。隨着文明底發展，稅捐甚至不夠了；因此國家發行期票，舉借債款，即公債了。歐羅巴老太婆關於這可以滔滔不絕地道出好多來。

官吏掌握着社會權力及征稅底權利，如今當作社會機關，而高居於社會以上了。人們對於氏族制度機關的那種自由、自願的尊敬態度，即令他們可以獲得，也對他們不夠了；他們是與社會遠離的權力底代表人，更要用特殊的法律，以獲得對自己的尊敬，由於這種法律，他們可以成爲特殊地神聖而且不可侵犯的了。文明國家底一個最低級的警官，有着比全部氏族社會機關總計起來還要大的『權威』但是文明時代底最有勢力的王公、最偉大的政治家或將軍，也許要羨慕那極謙遜的氏族首長所享的未用暴力獲得的及無可爭辯的尊敬的。因爲氏族首長處在社會以內，而他們自已却是被迫得立在社會以外又在其上的一種東西啊。

國家既是由於抑壓階級對立的需要而發生的，同時，它既是在此等階級底對立中而發生的，所以，通例它是最強有力的在經濟上居於支配地位的階級底國家，該階級在國家幫助之下，在政治上也成爲支配階級，因之便獲得了抑壓并搾取被壓迫階級底新手段。比如，古代的國家，主要是奴隸所有者用以壓制奴隸的國家，封建國家是貴族用以壓制農奴農民的機關，而近代的代議制國家則是資本搾取僱傭勞動底工具。不過，有時，當作例外，也可以遇到這樣一個時期，那時相互鬥爭的階級達到了勢均力敵的地步，國家權力，對於兩階級當作他們中間的外表上的調停者，而一時獲得了某種獨立性。十七世紀及十八世紀的專制君王政制，就是這樣的，它使互相對抗的貴族與資產階級暫保平衡；第一——尤其第二法蘭西帝國底波那帕脫主義(Benabaltsm)，也是如此，它嗾使普羅列搭利亞去反對布爾喬亞氾，又嗾使布爾喬亞氾去反對普羅列 搭利亞 特。俾士麥克(Bism rck an)國底新德意志帝國，算是在這一方面底最新的成就，它使支配者與被支配者同演把戲，在這裏，資本家與勞動者互保平衡，並爲了零落的普魯士鄉村貴族(cabbage funkers)的利益而遭受相同的欺騙。

此外，在多數歷史的國家裏面，給與公民的權利是跟他們的財產狀況相吻合的，這不嘗正面地宣稱，國家乃是有產階級用以保護自己以防無產階級底組織。在依照財產把公民分成種種階級的雅典及羅馬，就已經是如此了。在中世紀的封建國家裏面，也是如此，在這裏，政治的地位是由所有土地底多寡來決定的。這也表現於近代代議制國家底選舉資格上面。但是這種財產狀況上差別底政治的承認，決不是本質的。反之，它却表示了國家發展底低級階段。國家底最高形態——民主共和國，已經公然不知有所謂財產的差別了。這種國家形態，在近代的社會條件之下，愈益成爲不可避免的必然，而本身是這樣一種國家形態，即只有在它的裏面，普羅列搭利亞特與布爾喬亞氾間的最後的堅決的鬥爭，才能進行到底。在這種國家裏邊，財富之使用它的權力，是間接的，但却是切實的：一方面，用直接收買官吏底方法，（美國爲古典的模型，）別一方面，用政府與交易所聯盟底方式，公債增長的愈多，股份公司不僅把運輸事業而且把生產自身集中在它們手中的愈多，使該交易所愈成爲自己的中心，則這一聯盟愈容易實現。除過美國外，最近的法蘭西共和國，也是最顯著的例子。甚至良善的瑞士，在這個競技場上也有貢獻。不過，爲了政府與交易所底這種親睦的聯盟，並不需要民主共和國，除英吉利外，新德意志帝國也證明了這一點，在德國，普選制，究竟把誰抬高了：是俾士麥呢，還是布拉羅道(Bleichroe-dor)，很難說定。最後，有產階級乃直接用普選制來統治了。在被壓迫階級——在這裏當然是就普羅列搭利亞特而言——對於自我解放尚未成熟以前，該階級的大多數人仍將承認現存的社會秩序爲惟一可能的秩序，而在政治上作爲資本家階級底尾巴，構成他的極端的左翼。不過，隨着普羅列搭利亞特對於自己的解放之成熟，他就成立自己的政黨，選出他們自己的代表，不是舉出資本家底代表。普選制乃是工人階級成熟底指標。在今日的國家裏面，它給予的不會比這更多，而且從不給予的；不過，僅此一點也儘夠了。在普選制寒暑表指出工人底沸點底一日，對於他們像對資本家一樣，局面就一目了然了。

所以，國家並不是永遠存在着的。沒有國家，沒有國家和國家權力概念的社會，也是有過的。在經濟發展底一定階段，（它必然是跟社會底分成階級有關係的）上面，國家由於這種分裂才成為必然了。現在我們正在以急速的步調，接近於生產發展底這樣一個階段，就是在這一階段上，這些階級底存在不僅終止其為必然，而且成了生產底正面的障礙物了。階級正如他們過去不可避地要發生一樣，而不可避地要歸於消滅的。隨着階級底消滅，國家也不可避地要消滅了。根據生產者自由平等的結合，用新方法來組織生產事業的社會，將把國家的全部機器放在那時它正得其所的地方——古物博物館裏面，與紡車及青銅斧並列了。

* * * *

總之，依照以上所說的，乃是社會發展底一個階段；在這個階段上，勞動分工，由它而發生的各個人之間的交換，以及把這兩個過程結合在一起的商品生產，達到了十足的發展，而造成了以前的全社會底變革。

在社會發展底以前的一切階段上，生產在本質上是社會的，同樣，消費也是在大的或小的共產主義村社內部直接分配生產品之下進行的。這種共同的生產雖然只限於最狹小的範圍以內，但它却伴以生產者對自已生產過程及生產物底支配。他們知道，生產物的結局是什麼：他們把它消費了，它不離開他們之手；當生產是在這個基礎上進行的時候，它不會長的高於生產者，也不會產生着幻想的與他無關係的力量，像在文明時代所普通所必然有者。

不過，勞動分工慢慢地侵入了這生產過程。它摧毀了生產及佔有底共同性，它使個人佔有成爲通行的規則，同時產生了個人間的交換，——這是如何發生的，我們在前邊已經研究過了。於是商品生產漸漸地成爲支配的形態了。

在商品生產之下，在爲了交換而不是爲了自己消費的生產之下，商品必然地是從這人手中轉到那人手中的，生產者在交換的時候讓渡了他的商品；他已經不知道這商品的結局是什麼了。當貨幣以及隨貨幣而來的商人出現而作爲生產者之間的媒介時，交換過程益形複雜了，生產物底命運更加不確定了。商人已經很多了，他們之中沒有一人知道別人是在做什麼。商品現在已經不是從這人手中轉到那人手中，而且從這一市場轉到那一市場上去了；生產者喪失了對他們自己生活條件底全部生產底支配，不過這一權力却沒有落到商人手中。生產物與生產都落在偶然底權力之下了。

不過，偶然只是相互關係底一極而已，它的其他一極則叫做必然。在似乎也是偶然在支配着的自然界裏面，在每一領域內，我們老早就確定了衝破這種偶然的內在的必然性與法則性。但是適用於自然的，也適用於社會。某一社會的活動，許多社會的過程，越出人們底自覺的控制，越出他們的權力愈多，則這一活動愈委之於純粹的偶然，它所固有的內在法則，愈要以很大的力量和必然性衝破了這種偶然。這種法則也在支配着商品生產及商品交換底偶然：它們以外來的，起初甚至無法知道的力量，與各個生產者及交換底參加者對立着，這種力量底性質還須加以詳密的研究與探討。商品生產底這種經濟法則，是隨着這一生產形態底發展階段底差別而變化的，但大體說來文明底全部時期是受這些法則底支配的。即在今日，生產物還在支配着生產者；今日整個的社會生產，不是依照共同設計的計劃，而是由盲目的法則來調節的，這種盲目的法則是以自發的力量，歸根結柢在週期的商業危機底暴風雨中表現出來。

我們已經看到，在生產發展底較早的階段上，人底勞動力就是以生產比維持生產者生活所需要的更多的生產物了，這一發展階段在大體上，是跟勞動分工及個人間交換的出現相一致的。距此不久，就發見人也可以成爲商品，並且把人變爲奴隸以後，也可以交換和消費人的勞動力，這一偉大的『眞理』了。當人們剛始交換的時候，他們自身也成爲交換底對象了。不管人們要不要它，主動的抵押物已變爲受動的抵押品了。

在文明之下，奴隸制度曾達到了最高度的發展，隨着奴隸制底出現，遂發生了社會分成搾取階級及被搾取階級的頭一個大分裂。這個分裂，在文明底全部期間，仍繼續存在。奴隸制是古代世界所特有的頭一個搾取形態；繼之而來的，則爲中世紀的農奴制與近世的僱傭勞動制。三大文明時代所特有的三大奴役形態，便是如此；公開的，不久以前帶着假面具的奴隸制度，總是伴着文明的。

商品生產階段（文明是由它開始的，）在經濟上的特徵如下：（一）金屬貨幣、以及貨幣資本、利息、及高利貸底實行；（二）介在生產者間的媒介階級——商人底出現；（三）土地私有權及抵當底發生；（四）奴隸勞動當作生產支配應用。與文明相適應並隨着它而澈底確立了自己的支配權的乃是新的家族形態——一夫一妻制的，男子對女子的支配，以及當作社會經濟單位的個體家族。文明社會底總的聯繫是國家，這種國家在一切典型的時期都是純粹支配階級底國家，在一切場合之下主要地都是壓制被壓迫被搾取階級來服從底一架機器。文明的特徵還有如下一點，即一方面是當作全社會勞動分工基礎的城市與農村底對立的堅固化，他方面是遺囑底採用私有者用遺囑的方法在其死後亦可處理他的財產。這種制度是跟古代的氏族制度正面衝突的，它在希臘，直到梭倫時代爲止還是不知道的；在羅馬，它早已實行了，但是我們却不確切知道究竟是在什麼時候。(註)在日耳曼人，是由僧侶輸入這一制度的，以便使正直的日耳曼人能夠毫無妨礙地將他的財產遺贈於教會。

(註)拉薩爾底『既得權之制度』(Lassalle. Systemof Acquired Rights)一書第二部，主要係闡發這樣一個命題的，即羅馬的遺言制是與羅馬自身一樣的古，在羅馬歷史上，從未有過『無遺言制的時代』，並謂遺言制當是在羅馬以前的時代發生於對死者底崇拜。正統的舊黑智爾主義者——拉薩爾並不是由羅馬人底社會關係，而是由意志底『思辨概念』得出了羅馬的法權條規如此以來，不得不達到這種完全非歷史的主張。該書如此主張是不足爲奇的，因爲該書是基於同一思辨的概念而得出了這樣一個結論，謂在羅馬的繼承制中，財產底轉移只是次要的事情。拉薩爾不僅相信羅馬的，特別是初期的法學家底幻想，而且他自己的幻想還凌駕於他們以上。

在這種社會制度之下，文明曾完成了爲古氏族社會絲毫所不能做到的事情。不過，它是在發動了人們底最卑劣的憧憬和情慾，並且在犧牲了人們底其他一切稟賦把它們發展起來以後才完成這些事情的。粗暴的貪慾乃是文明從第一日起以至今日底動力；財富、財富、再是財富，——不是社會底財富而是這個渺小的各個人底財富乃是文明的惟一而決定的目標。即使在這裏得個結論，謂在文明時代科學曾日益發展起來，而藝術造告昌盛，那也不過是因爲不如此則今日在財富積蓄方面底一切成就不可能了。

文明底基礎既是一階級之爲他階級所搾取，那末它的全部發展是在經常的矛盾中完成的了。生產中底一切進步，同時也就表示被壓迫階級即大多數人的生活狀况底退步。對一階級底任何幸福，必然地是對別一階級底不幸，一階級底任何新的解放，必然是對別一階級底新的壓迫。機器底採用可作爲此事底最顯著的例子，這一採用底結果現在衆所週知了。我們在前邊已經看到，野蠻人幾乎是很難把權利與義務區別開來的，但文明甚至使一個大笨漢也把兩者的差別與對立分別的清清楚楚，差不多把一切權利給一個階級，差不多把一切義務放在別一個階級身上。

不過，並非必須如此的。凡對支配階級爲善的事情，對於全社會也是善的，支配階級把自己跟全社會視爲同一個東西。所以，文明愈向前進展，則它愈要不得不以愛底外套去遮掩由它所必然產生的劣點，粉飾這些缺點或者虛僞地否認牠們，——總而言之，愈要運用有條件的僞善，這種僞善是爲以前的社會形態乃至文明底第一階段所不知道的，牠最後要達到這樣一種主張：被壓迫階級底被搾取是因搾取階級專爲了被搾取階級自身的利益而進行的；如果後者不懂得這一點，甚至開始叛亂起來，那麼這是對恩人、對搾取者底一種最無恥最忘恩負義的行爲。(註)

（註）我最初本來打算把散見於傅立葉各項著作中的對文明底光輝的批判，跟摩爾根的及我自己的對文明底批判並列在一起。可惜，我沒有時間去作。現在我祇想說明的，即傅立葉已把一夫一妻制及土地私有制作爲文明底主要特徵，他把兩者叫做富人反對貧人的戰爭。同樣我們還可以看出，他對於個別家族（les familles incoherentes）在一切不完善的爲對抗行爲所苦惱的社會裏面曾作爲經濟單位一事，有着深刻的理解。

現在特把摩爾根批評文明的一段話，引在下邊作爲結論吧：

「隨着文明底開始，財富底增長已採取了如此巨大的規模，它的形態已經如此複雜，它的應用已經如此廣大，而它的管理爲了所有者底利益又如此巧妙，以致這種財富已經成爲民衆不能握有的一種力量了。人的理智在他自己的創造力的面前，迷罔地無力地站着。然一個時代終要來臨的，那時堅固的人的理智一定會握有財富，並規定了國家對它所保護的財產底關係，以及所有者底權利的界限。社會底利益要絕對地比個人底利益重要些，他們之間一定要確立一種公正而協和的關係的。要是大體上進步在將來依然是法則，如像它在過去一樣，那麼赤裸裸的對財富的追求就不一定是人類底終極使命了。從文明發端以來所經過的時間只是人類底過去生活底微小的一滴；只是人類當前要過的時代底微小的一滴而已。社會底崩潰正在威脅着我們，有如那以財富爲惟一終極目標的歷史時期底終結，因爲這一時期包含有自己消滅的要素。行政上的民主主義，社會內部的友愛，權利底平等，普遍的教育，都在裝飾着下一個最高的社會階段，經驗、理智及科學正在不斷地爲這一階段底到來而工作着。它將是古代氏族底自由平等及博愛底復活，但是在一個最高的形態上了。」

附錄　新發現的羣婚場合

最近有些唯理論的人種誌學者，以否認羣婚底存在爲時髦了。因此之故，下面我從『俄國新聞』（一八九二年舊曆十月十四日莫斯科出版）譯出的一篇報告是很有興趣的。該報告不僅完全肯定地確定了羣婚——即許多男性與許多女性間有相互性交權利底存在，而且引舉了它的這樣一種形態，這種形態是跟夏威夷人底『普那路亞』婚姻，即跟羣婚底最發展最典型的階段密切地相接着的。同時，典型的『普那路亞』家族是由許多兄弟（異父同母的或血緣較遠的）構成的，這些兄弟是跟許多異父同母或血緣較遠的姊妹處在姘居關係之中，——在該報告中，我們看到，在庫頁島上，男性是跟自己兄弟底一切妻和自己妻底一切姊妹處在姘居關係之中，如果從婦女方面來觀察這一現象，那就是說，他的妻有權跟她的丈夫底兄弟們和她的姊妹底丈夫們發生性的關係。因之，其跟典型的『普那路亞』婚姻形態底區別，只在於丈夫底兄弟們和姊妹底丈夫們，不一定須是同一的人而已。

其次還要指出的，就是我在家族底起源一書第四版二一八——二一九頁（即本書第一章第二節野蠻一節——譯者）所寫的，在這裏得到證實了，那一節大意是說，羣婚絕不能看成像慣於逛妓院的我們的庸人俗子底幻想所描寫的那樣；過着羣婚生活的人們，不公開進行那種它在暗中實行的淫蕩生活，恰爲相反，這種婚姻形態，至少就現在還可以遇見的例子去判斷，在實踐上，是跟不固定的對偶婚以及跟一夫多妻制不同的地方，只在於那在別種條件之下要遭受嚴竣懲罰的許多性交場合，在這裏爲習慣所許可罷了。對這些權利底實際使用逐漸消滅的情形，只是證明這種婚姻形態本身已處在滅亡底階段中，它存在底場合之稀少，亦可證實這一點。

大體說來，所有這些記載還值得注意的，就是牠又多一次地表明，處在差不多相同的發展階段上的各種原始民族底社會制度，在其基本特徵上，是如何地相似，甚至相同啊！關於庫頁島上這些蒙古洛得人所說的，大半可以完全適用於印度底德拉威德部落，太平洋各島嶼發見時代底土人及美洲的紅種人。該報告書（註）說道：

『N·A·楊秋克氏於十月十日（係舊曆；新曆爲十二月二十日）在莫斯科喜愛自然科學者協會人類學部會議上，曾報告了史特忍堡先生關於庫頁島吉拉克人底有趣味的報告，吉拉克人乃是一個很少研究並處在蒙昧人文化階段上的部落。吉拉克人不知有農耕和陶器術，主要是靠打獵和撈魚爲生活，用木桶將水燒熱，投入赤熱的石頭，等等。其家庭氏族制度尤其有趣。吉拉克人不僅把自己的生父叫做父親，而且把自己生父底一切兄弟也叫做父親，把這些兄弟底妻，以及自己母親底姊妹，把她們統通叫做母親，把這些親族底子女統通叫做自己的兄弟和姊妹。大家都知道，北美底易洛魁人和其他印第安人部落，以及印度底若干部落，都有這樣的術語，不過他們的這個術語，老早就已經跟現實不相適應了，但是吉拉克人的這一術語仍用以表示迄今存在着的秩序。現在每個吉拉克人都對自己的兄弟底妻及對自己的妻底姊妹有夫婦的權利（至少實行這些權利並不認爲是罪惡。）這種氏族婚姻底殘餘頗似本世紀上半期還在撒得委赤羣島存在着的有名的『普那路亞』家族。這一親族關係形態乃是吉拉克人底社會組織底基礎，他們的氏族制度底基礎。

『吉拉克人底氏族，是由他的父親底一切兄弟（各級的）他們的父母，他的兄弟底子女及他自己的子女組成的。顯然的，這樣構成的一個氏族，在其環境中可以計算出巨量的人員來。氏族底生活是在下面的基礎上來進行的。氏族內部是無條件地禁止通婚的。死者底妻經氏族底決定，轉嫁給死者兄弟（任何級的）當中之一個。氏族供養自己的一切沒有勞動能力的人員。「我們是沒有窮人的——一個吉拉克人給報告人說——要是誰窮的話，那氏族就來養活他了。」氏族人員由共同的祭祀和節日共同的墳地等聯繫起來。

『氏族保障自己人員中每個人底生命與安全，以防別一氏族人對他的侵害。所用手段是氏族報仇。因受俄羅斯人底影響，這一制度底作用，最近業已大大地削弱了。在氏族報仇底行動當中，婦女是完全除外的。在若干場合——而且是很少看見的——之下，氏族則收容他一氏族底人們爲養子。通例是財產不應走出死者氏族以外。在這一關係上，吉拉克人簡直行着有名的十二銅標規則：“Si suas heredes non habest, gentiles amiliam habento.”（如無自己的繼承人，則須由同氏族人繼承。）吉拉克人生活中任何一件非常的事件，都非氏族底參與不可的。氏族中的年長者，在比較地還不久以前，約一兩代以前，曾是社會的頭目，氏族底族長。不過，在現在，氏族中年長者底作用差不多只歸於宗教儀式的領導了。各氏族往往散住在彼此相距很遠的地點上，不過，同氏族人在分居以後，仍繼續相互往來，互作賓客，互相幫助和庇護等等。而且，吉拉克人如無特別的需要，絕不丟棄自己的同氏族人，自己氏族底祠堂。氏族生活，給吉拉克人底全部精神機構，給他的性格，道德與制度，都印下了顯著的印跡。一切共同討論的習慣，經常關心自己同氏族人利益的必要，對報仇的相互保證，在一個大幕幔內跟幾十個與自己同樣的人住在一起的必要與習慣，所謂經常地在民衆當中，都在給吉拉克人造成了一種非常會交際非常愛說話的性格。吉拉克人非常地喜待客人，他愛招待來客，自己也愛到客人那兒去。喜待客人底高尚習慣，在不幸之日，更表現得顯著。在不幸之年，當吉拉克人不論自己或狗的食物不夠的時候，他不須伸手去祈人行善，他可以大胆地去作客，有時可以在那裏吃的很久。

「在庫頁島的吉拉克人中間，幾乎完全遇不到貪婪性底犯罪。吉拉克人把自己的寶物，藏在倉庫中，從不鎖門。吉拉克人極富於恥辱心，如果犯了什麼不名譽之事，他便到大樹林裏去自殺（上吊）了。在吉拉克人中間，人命案子是很少的，往往在發怒中打死了人；不論如何，他們從沒有貪婪的目的。在其民事關係上，吉拉克人很正直，守信用，誠實。

「雖然隸屬於中國化的滿洲人很久，雖然受了黑龍江邊疆無賴居民底有害的影響，但是吉拉克人在道德關係上，仍保持了好多爲原始部落所固的有美德。不過他們的生活制度底命運，却已經不可倒轉被決定了。還不過一兩代的事情，而大陸上底吉拉克人已經完全俄羅斯化了，隨着文化底利益他們已經學會了它的一切惡習。庫頁島的吉拉克人，距俄國人居住地中心多少遠些的，都有保存若干清白久一點的機會。不過俄國居民已經開始對他們有所影響了。各村的人都紛紛到廟街去購買東西和謀生，而賺錢返回故鄉的任何吉拉克人，便帶來了像工人從城市帶至俄國鄉村的那種氣氛。此外，在城市裏的收入及其變化無定的幸福，也漸漸地消滅了那原始的平等，這種原始的平等乃構成像吉拉克人這樣民族底不複雜的經濟生活底主要特徵。

『斯特忍堡先生底論文裏面，並搜集有關於吉拉克人底宗教見解、其儀式、法律習慣等的材料。該文將在人種誌評論上面揭載。』

曾載於一九九二年十一月份的"Die Neue Geit"

（註）該報告書俄文原文，曾經亞多拉茨基氏從俄國新聞中尋出，故這裏是根據俄文原文譯的，並不是根據由德文譯成的俄文重譯者——譯者。